一个特岗教师的成长之路

何蕊 著

团结出版社

图书在版编目（CIP）数据

一个特岗教师的成长之路/何蕊著.--北京：团结出版社，
2024.2

ISBN 978-7-5234-0923-7

Ⅰ.①一… Ⅱ.①何… Ⅲ.①教育工作-文集
Ⅳ.①G4-53

中国版本图书馆CIP数据核字(2024)第077677号

出　版：团结出版社
　　　　（北京市东城区东皇城根南街84号　邮编：100006）
电　话：（010）65228880　65244790
网　址：http://www.tjpress.com
E-mail：65244790@163.com
经　销：全国新华书店
印　刷：武汉鑫佳捷印务有限公司
装　订：武汉鑫佳捷印务有限公司

开　本：170×240mm　1/16
印　张：14.75
字　数：231千字
版　次：2024年2月第1版
印　次：2024年2月第1次印刷

书　号：978-7-5234-0923-7
定　价：88.00元

自序：你怎么可以出书

大家看到题目就会生出疑问，笔者为什么这样说，这不是在质疑自己吗？笔者就是此书的作者，其实我是在用本我与超我对话。

出此书之前，本我问道："一个普通的一线教师，教好自己的课，做好日常工作足矣，折腾这些做什么？"超我回答说："做老师 30 年，等你退休了，你为学生、为自己留下了什么？你的职业虽然平凡，但不平庸，你每天都与学生打交道，如果用文字记录下来，等'解甲归田'时，与儿孙聊起你的工作，是不是也有一个个故事？如果没有及时记录下来，等你老眼昏花、头脑不灵时，怎样为孩子以身示范？"

再者，张文质老师说，作为老师，你这一辈子总要出本书吧。

我中了出书的信念"病毒"，所以我把自己 11 年来零零碎碎的文字做了整理。其中有自己跌跌撞撞的班主任成长故事；有不甘于做一个观众，于是去做选手一路精进的故事；有自己认知遮蔽时做的一些傻事；有不懂团队合作时出了一些"憨力"的故事；也有在意别人看法时迈不开脚步做的事情。

我今年 33 岁，刚过而立之年，出书也算是启动下一个人生阶段的关键之事。在别人看来，可能觉得仅仅从教 12 年的老师，有什么经验可以在这狂妄自大。我不敢在这里高谈阔论，说自己懂得多少。我只是真实展现自己 12 年的成长路径是怎样的迂回曲折与峰回路转。

我虽然年轻，但工作经历相当丰富。我做过三年特岗教师，任教的学校是濮阳市范县颜村铺乡卓楼小学，因学生考试成绩优异，我被调到了县城。之后，我期待自己成为笔杆子硬的老师，就拼命写作，经由写作，我开启了为当地教育局教研室编写刊物的工作。后来，我遇到了现在的丈夫，为了奔赴爱情，我放弃了老家的工作，全力备考。2015年9月，我考到了郑州大学实验小学。至今，我在此校担任过语文备课组组长、年级长、第二共同体语文学科副负责人、德育主任、名班主任工作室主持人。2023年我又参与了支教工作。

虽然年轻，但是我的履历丰厚，有在农村学校、县城学校、教育局教研室、市里学校这几个维度的教学实践经验。所以我知晓各个层级老师的工作环境，明晰教育不是直线距离，而要"曲线救国"。

在我的人生字典里，没有"退路"二字。既然走上了写作之路，就只顾更好地抵达成功的彼岸。

我的第一本书也是我的生命之书，它记录了我的笨拙和绝地逢生，也记录了我11年的工作历程和心境的转变。无论处于何种境地，我从事教育的初心一直未变。

肖老师催了我很多次，他说："何老师，您的书稿尽快发给我，赶紧给您排版。"我都是以没时间为由一拖再拖，想出书而我只有心动，没有行动。我知道只想一想是问题，做才有答案。

这个十一假期，我待在家里，查看了微信公众号、电脑上的文件、美篇上的记录，还有我投过稿的文章，整理了50万字。说实话，我瞧得上的文章没几篇，最后"瘸子里拔将军"，整理了15万字。至于版块怎么铺展，我梳理了三次：第一次以时间为轴线，发现了一个问题，2012年的文笔实在笨拙，简直没法看，我只挑选了其中两篇文章，保持原汁原味，作为成长记录；第二次按照班主任成长、个人成长、认知升维等分类整理，发现了个人成长包括班主任成长；第三次终于厘清（分为为什么做班主任、班级管理妙招、每个人孩子都闪闪发光、认知升维等），一下通畅了。

我整理书稿时还发现了一个问题，系列文章太少，东一榔头西一棒槌的东西太多，写作的系统思维还未打通。下一本书我会吸取教训，争取年底交稿，一气呵成。

每一个阶段我都很笨拙，用自己的奋斗、努力与热爱来架构一本个人的进阶之书。出一本书，也是积累一次成长经历，让经历丰富起来，体验各种可能。

这是我的第一本书。我深知自己能力尚浅，想呈现给读者的又很多，由于表达欠佳，可能难以满足大家的胃口，我会继续努力，期待大家批评指正。如果大家对我的成长经历感兴趣，我们可以互加微信，成为交流学习的伙伴，相互赋能。（我的微信：herui371522）

目录

第一部分

班主任成长迭代之路

初为人师的"重要他人"

教师节已然过去，但《中国教师报》上仍追忆着节日的幸福。报纸上，有的文字为我们诠释了老师呕心沥血、无私奉献的精神；有的文字为我们追忆了老师的似水年华；有的文字则带着我们回忆了自己儿时的憨态可掬；当读到叶廷芳老师的《怀念我的两位中学老师》时，我的心底泛起了一道道波澜，情不自禁地想起了我高三的语文老师郝老师。依稀记得当时，早上跑步，老师总是陪我们一起冲刺、一起呐喊，不让我们掉队。那时我们上完早操，紧接着会上第一节早读课。早读课上，郝老师就拿着自己的教参来读，那时我们的读书声是如此合拍，一高一低、一起一伏，总能成为校园里最美的旋律。

那时的郝老师还是一个单身的帅小伙，浓浓的眉毛、有神的眼睛，给人一种书香润心的感觉，他瘦瘦的身材总能映射出坚忍的一面。那时的我是一个特殊的学生，因为当时家里贫困，上不起高三，于是倔强的我就外出打工，攒够了学费，才去读了高三，被分到了高三（11）班。那时我的学业压力比以前还要沉重，再加上自己不舍得花钱吃饭，于是我生了病，并且病得很严重。

我记得那天早上，我艰难地迈着步子，去郝老师办公室请假，当时他对我说的那些话，我至今都还记着，并且都印在了我的心里。他说："人总会遇到失意或困难的时候，老师相信你是一个坚强的孩子。从今以后，不管你遇到什么困难，老师都愿意帮助你。"那时的我是脆弱的，没有丰厚的钱财，没有优异的成绩，然而郝老师愿意伸出援助之手，我心里是满满的感激，每每回忆起这一幕，我的眼睛总是湿润的。在郝老师身上，我学到了要做一个有情怀的老师，有自己的倔强，但更重要的是要有倔强的执着。

从教已有五年的时间，郝老师的很多教学方法和学习方法都一直影响着我，我也一直在模仿、学习。每天我都会早早地来到学校，大声读自己喜欢的文章，早读时和孩子们一起在文字中穿梭，一起捕捉阅读的幸福；课间孩子们打闹起了争执，我会耐住性子去解决；当孩子们学习成绩下降时，我也会沉下心来分析原因、对症下药；课下，我会主动和他们做游戏，和他们一起下棋，一起和时间赛跑，和谐的气氛在我们之间洋溢着。

转眼间，我和郝老师分别已有十年，每年的教师节我都会给老师写一封信，愿我的祝福永远伴随老师。

我感谢在最美的年华里遇到了最质朴的郝老师，是郝老师让我坚定地想要做一名好老师。

我的班主任成长之路

一、追溯班主任的自我镜像——把郝老师当成坐标

2007年，因家庭变故无奈辍学，倔强的我只好外出打工，攒够学费后，才去读了高三，被分到高三（11）班。当时的语文老师、班主任是郝老师。

二、迷惘走向明晰——向贵人学习

2012年，我成为一名农村特岗教师，初上讲台的我，虽满腔热情，但面对农村硬件"短缺"软件"麻痹"的情况，我陷入了困境。在这里我遇到了一位贵人——姜明霞老师，她告诉我专业阅读、专业写作是克服困境的唯一出路。接下来的3年时间里，我就啃读专业书籍，是专业书籍的铺路让我逐渐站稳了讲台，有了底气。站稳讲台是我做好班主任的第一步，随着我对学校工作的熟悉，我发现在这里上学的孩子大多是留守儿童，作业没人辅导，学习习惯差，作为班主任，我该怎么办呐？我问自己，我的起心动念是什么？就是为了教好孩子。于是我凭着本能，义务做起孩子们的无偿家教，每天一下班，我就开始挨家挨户上门给孩子们补课。村里没有路灯，手电筒就成了我包里的必备物品，1000多个夜晚，风雨无阻。我看到孩子们课间生活单一，我就自学舞蹈、书法，为孩子建立了舞蹈社团和书法协会，这三年我像呼吸一样本能地爱着我的学生，拥有教育的觉知力，想他们所想，急他们所急。

三、改革创新，在手写家长信中绽放教育的光彩

三年特岗生涯结束，怀揣着对教育的憧憬，2015年，我考到了郑州大学实

验小学，由农村学校到城里学校，由农村教师到城里老师，地域和角色的转变，让我没有了底气。不会打扮，穿得土里土气，再加上年纪小，家长对我产生了怀疑，各种感受夹杂在一起，让我变得十分焦虑，但是我凡事都想被别人认可，做事也很较真！我听到很多这样的声音："这个老师当班主任，能带好班吗？"我心里很失落，但生性倔强的我，给自己打气："没有我何蕊办不到的事儿，我非要干出一番名堂不可。"

为了得到家长的认可，我不放过任何一次和家长沟通交流的机会。我查看了学校的学期安排，2016年11月学校统一召开家长会，于是我做了一个大胆的决定，赶在开家长会之前给所有家长写一封信。我查看了日历，距离家长会还有11天，11天我要写54封家长信，如果这些信放在一年之内写完，对我来说是小菜一碟，但要短短的几天写完，说实话，这是一个很"浩大"的工程。我这不是自己难为自己吗？但一想到那些质疑的声音，我强大的自尊心告诉我："不，一定要写！"台灯下、课桌前，我拿起笔，脑海里回忆着和每个孩子的一幕幕，一个个镜头在我眼前回放，一个个小故事又重演了一遍，当信写到第20封的时候，我突然感觉写不下去了。每天除了上课、改作业、管理班级，我只能趁课间、中午、晚上、周末抓住一切时间写信。坐着写累了，站着写，站着写累了，躺着写。11月16日晚上11点，54封信终于完成。这件事先后被《中国教育报》《中国教师报》《人民日报》等各大媒体转载，他们都称我为"中国好老师"。我则这样评价自己："我是笨人，就用最笨最土的方法表达自己的真诚！"

四、鼓励学生，在自由成长和呼吸中张扬个性

在郑州大学实验小学，我遇见了一个酷爱画漫画的孩子——许央修，我鼓励央修，利用课余时间，给他提出中肯的建议。我的鼓励和认可使小央修"爆发了小宇宙"，他从三年级开始，两年来，已创作了两部系列漫画，共八册，目前内容还在更新中。这个10岁的小大人说，他的梦想是成为一名漫画家，希望有一天同学们能看到他出版的作品！央修手绘漫画书的事迹被《大河报》整版报道，当记者问央修这两年来是如何坚持下来的时候，央修哈哈大笑道："何蕊老师是我的忠实粉丝，我们俩是俞伯牙、钟子期一样的知音，有了知音，我乐此不疲。"

创意没有极限，梦想没有终点，我用爱点亮每一个孩子的心灯，班里的一个个追梦少年在我的怀抱中茁壮成长，他们乐学向善、阳光自信、体魄强健，是21世纪的快乐少年。

五、最美印象——笃行方致远

经过区级、市级层层的现场比赛与遴选，我被评为郑州市"最美教师"。"'执着''较真''爱'，是我从教的三个关键词，执着、较真让我走得更远，爱让我走得更稳。"2018年9月10日下午，在郑州市教育电视台举行的郑州市"最美教师"颁奖典礼的采访现场，我如是回答主持人的提问。自2015年我入职郑州大学实验小学以来，认真、细心地发挥个人模范带头作用，带领同事们从课堂教学、学法创新、班级管理、学生心理疏导等方面找寻突破点，将工作与管理中遇到的问题以论文、研究课题的形式呈现。7年的时间，我主持、参与、指导的课题先后获校级、区级、市一等奖等13项奖项。回归生活时，我热爱阅读，笔耕不辍，读百家名作，写锦绣青春。我的文章或反思个人教学，抒写教育故事，记录专业成长，或分享课堂内外的所见所感，描述人生百态、生活图景，或书写培训心得、分享阅读笔记，坚持做学生的引路人、好榜样。我坚持每日阅读、每日写作，至今撰写的教育随笔达200多万字。2022年初，我将个人所思所得整理记录在自己依托每篇文章制作的六本"土书"里。

六、关键事情——参加河南班主任智慧书院实现自驱型成长

2022年暑假，也是我的产假尾声，我积极加入河南班主任智慧书院的线上学习。为期7天的研修，我接触到很多班主任高手，他们都是全国特级教师。这里学习密度很大，课程汇聚"共育力、文化力、班会力、童心力、写作力、心理力"，提升专业素养的自我效能感，我见证了大咖学习的朴素样态，找到了前行的方向——扎下身子，制订规划，一步一步往前走。每天培训结束，成员们当即复盘梳理，自发结队分享，每位成员在各自班级积极参与研修，对照专家修正自己的带班理念，遇到困惑敢于抛问题，在集体的头脑风暴下解决问题，收获了学习应具备的认知谦卑思维与认知勇敢思维。学习班结束，对照自己的不

足，我及时复盘，整理出了自己的班主任自传，结合专家讲解，又倒逼自己整理出了"家校共建命运共同体"的讲座内容，新学期为新进教师做了家校共育讲座。

七、遇见新网师——走向专业成长的漫长道路

2022 年 8 月 23 日，我在河南班主任智慧书院认真学习，特别"内卷"，学习班班委郝海峰老师推荐我加入新网师，她说新网师是老师走向专业成长的最佳道路，于是我迫不及待加入了新网师。做了 10 年班主任，我知道自己缺什么，这 10 年我一直用文学思维、行政思维来管理班级，缺少了科学思维，缺少了智慧，于是我追寻杨雪梅老师，学习班主任成长课程，我看到了杨老师带领团队进行专业阅读、专业写作、专业交往，很是羡慕，于是下定决心追随杨老师走向班主任智慧化道路。前不久认真拜读了杨老师发在群里用以预习的三个文件夹以及预习作业提示，然后我就静下来梳理了自己 10 年班主任成长历程，感谢在迈向班主任第二个 10 年的路途上认识了杨老师，认识了新网师。

10 年的班主任工作于我而言是心流满满的体验，一路摸索，一路学习，最终找到了引领我走向专业成长的大家庭——新网师。我相信，当我 42 岁，再拿起笔书写"我的班主任成长之路"的时候，我想更多的将会是新网师给予我的智慧与能量。

职业生涯的第一个身份——特岗教师

夜晚，我常常凝视夜空中的繁星，虽然它是那样的渺小，但它在努力地发光，让黑暗的世界充满希望。我愿做一颗这样的星星，用我的光亮去映照黑暗的角落，用我的色彩去点缀寂寞的夜空，用我的青春去照亮孩子们的希望！

转眼之间，我的教学生活已经走过了一年，时间在阳光和月色的辉映中流转而过。一年前，我还是江苏一个医药公司的经理助理，为了照顾患癌症的父亲，也为了继续钟爱的教育事业，我成了卓楼小学的一名特岗教师。从美丽的苏州到河南老家，走过的是空间的距离；从繁华城市的经理助理到偏远乡村的普通教师，跨越的是心灵的距离；从一年前的激情满怀到今天的执着坚守，丈量的是爱的距离……

我所在的学校很偏僻，这里师资力量十分薄弱，因此，学校对我们这些特岗教师寄予了太多的期待。一年来，我担任一年级所有课程的老师，同时，我还利用自己休息的时间无偿为孩子们补课，我忙碌着却也快乐着，付出着但也收获着。

我到学校后，先后组织学生开展了歌咏比赛、朗诵比赛、演讲比赛、手语比赛等多项文体活动，成功策划开设了活动课、写字课，成立了游戏社团，让学生们沐浴在素质教育的阳光下。我还带领学生参加了"月亮之上"舞蹈队，让孩子们在丰富多彩的活动中快乐学习、健康成长。一个原本偏僻沉寂的山村学校渐渐活跃起来。看着孩子们一张张青春飞扬的笑脸，感受着校园朝气蓬勃的气息，我的心里感到无比幸福。

卓楼小学很偏僻，但我们学校的管理很严格，每个月安排教师家访四次，在家访的过程中，我发现学生多半是留守儿童，只有4%的孩子有自主自律意识，这样下去孩子们的教育该何去何从？那时我就萌生了这样一个念头，每天再给孩子无偿地加上一个小时的课程怎样？终于在2012年9月10日，我们一年级召开了家长会，在会上我对大爷大妈们说："我了解你们的心情，你们这一代没走出去，把所有的希望都寄托给儿孙，期望他们有出息，但有时无能为力，如果大爷大娘相信我的话，我想每天腾出自己的一小时时间来为孩子补补课、打打气，解决他们学习上的困难。"顿时，教室里响起了一片掌声，他们高兴得跳了起来，一边欢呼一边为我鼓掌，那掌声持续了很久很久……我的眼睛湿润了。在这贫瘠的土地上成长起来的农村孩子，已经缺失了太多太多，他们是多么渴望阳光雨露，我怎能舍弃他们！孩子们，为了能让你们和城里的孩子一样拥有美好的未来，老师愿做你们铺路的石、登山的梯、照明的灯！

一个学校，一个家，我从学校到家有二十多里的路，父亲刚去世，为了回家陪母亲，无论多晚我总是在路上穿梭着、飞驰着，我做梦都没有想到会有这样的经历！早上7点就来到了学校写备课，中午忙着批改作业，接下来开始全天的七节课，那种疲惫真是难以言表。但当我想到他们进步了、变得有礼貌了，听到他们对我说老师您累了、您辛苦了，我一身的疲惫一下子就消失了。这些山村孩子的淳朴可爱和聪慧勤奋，深深地感动着我、震撼着我，也牵引着我不由自主地去贴近他们，无法割舍。

一年来，风雨无阻，我用自己的绵薄之力为孩子们铺设着求知的路……有人不解，说我是自己找罪受。可我想自己每周只需多一天的付出，也许就能改变一个孩子的命运，给他们带来一生的幸福，这种付出难道不值得吗？

我愿做一颗星，用我的光亮去映照黑暗的角落，用我的色彩去点缀寂寞的夜空，用我的青春去照亮孩子们的希望！我相信，我的生命也会因为星的光亮而更加精彩！让我们一起用"星的火去照亮孩子们人生的旅途"。

写于2012年10月12日

农村家长会，我这样开

过年的时候，我在家闲着没事，就喝一喝菊花茶，写一写毛笔字。偶然的一次机会，我随手拿来一张《中国教师报》，正想在上面信笔涂鸦的时候，报纸上的"家长会，该如何创新"几个字吸引了我，我就放下了毛笔，一本正经地看起这篇文章，看完以后我就在反思，为什么之前我们班也开过两次家长会，效果却不怎么明显呢？

又把这篇文章反复地读了几遍，心里有了数以后，我就拿起了笔，写下了过完春节开学第二周班上开家长会的内容。对我启发最大的是孙彩霞老师写的"家长会可以这样开"，孙老师把家长会的流程介绍得十分详细，我根据农村学校现有的条件采纳了其中学生展示、设计邀请函、家长交流几个环节，然后我加入了"分层次的家长代表发言"以及"制作家校联合作品"这两个环节。

时间转瞬即逝，开学的时间很快到了，家长会设计流程在脑海里萦绕，开家长会对农村学校来说很难得，我怕错过这次与各位家长交流的机会，为此我还制作了幻灯片，把孩子元旦的节目表演、讲故事比赛、大课间做的健康操制成视频让各位家长欣赏。我把各个环节都设计得有条不紊，家长会如期而至，孩子们自己做了邀请函，他们期望谁来就把邀请函送给哪个家长，家长也按时参加了家长会，这一次我发现孩子的爸爸妈妈比前两次家长会来的多，可见在孩子的内心里是多么渴望爸爸妈妈看到他们优秀阳光的一面。

农村都是这样的现状，几乎都是留守儿童，还是爷爷奶奶参加家长会的多，这也是我早就预料到的。孩子的爸爸妈妈、爷爷奶奶都受到孩子的邀请坐到了相应的位置，首先我给各位家长介绍了开这次家长会的目的，我期望孩子在老师和家长的陪伴下健康成长，接着引导家长移步到校园观赏孩子们最近一段时间学的健康操，说实话，我不是一个专业的舞蹈老师，为了开这次家长会，我和五年级的几个孩子一起编了一套属于我们自己的舞蹈。

健康操是根据健康歌的歌词还有孩子日常喜欢做的动作来编排的，简单易学。在开家长会之前，孩子们一下课就冲出教室，我一边给孩子们放音乐，一边和孩子们一块跳，左三圈、右三圈、脖子扭扭、屁股扭扭……孩子们跳得很带劲，今天孩子们的精气神更足了，有的动作跳得很夸张，我知道孩子们今天很认真，他们希望让自己的家长看到他们阳光自信的一面。家长们在一旁看自己的孩子表演，有的还用手机给孩子录了像，当时卓保福的妈妈（她的孩子学习很弱）对我说了一句这样的话："我还真不知道孩子会跳舞，我以为他啥都不会。"家长们都一边说一边笑地走进教室，我让孩子们到书法教室去练毛笔字，我与各位家长接着开家长会。

家长会最重要的一个环节，我讲述了每天拿出一个小时的时间无偿为孩子们补课的成果，这些孩子用了一年的时间从开始的全乡倒数几名到现在的全乡前几名，我和家长都很高兴。既然孩子的学习和生活习惯已经形成了规律，我想现在孩子们的学习应该会很轻松。但开学这段时间，总有一些孩子没有按时完成作业，我知道这是过年在家玩野了，所以我在这次家长会上又大胆地提出了晚上孩子们在一块互相学习的方案：按就近和优势互补原则把孩子们集中起来学习，在每几个同学中安排一个小组长，小组长检查学生的作业，直到写完才可以回家休息，家长负责接孩子，各位家长商量着谁家安静就到谁家学习。因为我平常都住在学校，晚上可以去孩子家监督辅导，大多数孩子集中在一块，我辅导也比较方便。之所以这样做是因为有些孩子比较贪玩，而爷爷奶奶又不识字，无法督促，导致孩子不能按时完成作业，这样，一来孩子们集中一块学习可以解决没人监督学习的状况，还可以让孩子们产生学习兴趣优势互补，二来我不用再挨家挨户去督促。

当然我这样做的原因是想让孩子们白天有更多的时间看书、跳舞、练毛笔字。我介绍完以后，各位家长都很赞成，他们说我说到他们心坎里了。

接下来我让各位家长参观了我和孩子们以及各位家长联合制作的一些作品，我和孩子们把这些作品编成了一本书，书的名字是《家校联合手工制作集》，这里面都是孩子想对家长、同学说的一些话，孩子们很有自己的想法，他们有的把这些剪纸摆成一个美丽的城堡，有的剪成一个大红心代表我们都愿向雷锋叔叔学习，做一个赤诚的人。

家长们一边观赏一边说孩子的想法很奇特，很有潜力，原来自己的孩子也会很多。有的家长看到孩子写给他的问候时哭了，还有的家长看到自己孩子写的字很好，不由自主在那嘟囔"写得好好好……"然后，我让各位家长观看了我们班的书法协会，为了让孩子们有一技之长，我这个很不专业的书法教师用了两个月时间，利用网络学会了写毛笔字，每天练，每天写，过年的时候也没去串门，终于成功了，虽然现在里面都是我自己的作品，但我向各位家长承诺，下次就可以欣赏到孩子们的作品。

家长会结束，我和孩子们一块为家长们唱了一首歌曲《大海》，祝愿所有的家长和所有的孩子健健康康、平平安安。

我没想到的是，卓保福的妈妈主动留下来和我交流了孩子学习的事情，这一刻我想让时间停住，不管接下来怎样，我相信保福这个孩子会变得自信起来，因为现在，他的妈妈对他有了全新的认识。

写于 2013 年 1 月

用青春编织孩子们五彩斑斓的梦

一年前为了爱情我放弃了老家的教师工作，来到郑州。我心中依然怀揣着教师梦，经过努力，我考到了郑州大学实验小学，成为一名三年级的语文老师。我接手的这个班级有点特殊，原来的语文老师因身体不适不能到岗，所以学校让我担任这个班的语文老师兼班主任。在我上岗的第六天，一位家长找到我说："何老师，你的教育方法有点问题……"他又说他是家委会的成员。我听后并没有解释什么，只是当时心里下定决心，让家长相信我是一个合格的老师。所以我每天早早地来到学校，备课、写教案、研究教学，我相信只有脚踏实地，才可以仰望星空。

在和孩子们相处的一周时间里，我通过打电话、查阅学籍的方法了解了每个孩子的学习情况和性格特征。那一段时间我每天都待在班里，因为我有脸盲症，名字和孩子的模样不能对号入座，为了避免尴尬，我就一个一个地找他们聊天，渐渐地孩子们和我打成了一片，他们也喜欢上了我这个有点胖的老师（当时我有140斤）。

在与孩子们相处的过程中，我发现了很多问题，对于这些问题，我一一对症下药。孩子内向胆怯，我就在班级开展讲故事比赛、开音乐派对，我和孩子们一起唱一起跳，"你是我的小苹果，怎么爱你都不嫌多"；孩子的语言组织能力差，我就让孩子们拿起手中的笔，我手写我心，让他们的心里话，在笔尖流淌。孩子遇到困惑羞于表达，我就用一个笔记本架起了家校沟通的桥梁，三位一体，学生、老师、家长一块解决孩子学习生活中的难题。阅读课上，我们一起分享《窗边的小豆豆》，一起向往小豆豆的天马行空，感受小林校长的宽容大度。我们一起朗诵古诗词，一起感受中华文化的博大精深，源远流长。

渐渐地，孩子们和我一样都喜欢上了朗读、爱上了读书。清晨，我们手捧一本书忘情地朗读，那朗朗的读书声在长长的走廊里回荡着，如此清脆悦耳。

在书的海洋里，我们一起领略小兴安岭的四季美景，感叹祖国大好河山的美好；我们一起走进林清玄的《和时间赛跑》，叹息"光阴似箭，岁月如梭"的飞逝。我们一起观赏叶老的《荷花》，顿时感到身临其境、心花怒放。不知什么时候，孩子们喜欢上了书法，入笔、行笔、收笔，游刃有余，孩子们感染了我，我也重新拿起了手中的毛笔和他们写起来，我们一起评论颜体的豪放，欧体的严谨，柳体的俊秀，一起静静地书写自己的人生。在和他们相伴的日子里，我充满了激情，充满了梦想，用心照亮了孩子们五彩斑斓的梦。

孩子们对我说："何老师，我们最快乐的时光就是听您给我们读您自己写的文章。"寒假过后，开学前两周班里纪律很差，我知道是孩子们还没有把心收回来，于是我利用午休时间给每个孩子写了一句新年寄语，我希望他们戒骄戒躁，成为有自律意识的孩子，这53句话组合在一起成了一篇文章，文章的名字叫作《怀揣梦想，花开有期》，我知道每个孩子的花期不同，需要慢慢等待，也许他们就是参天大树，总有一天他们会枝繁叶茂。

好消息如期而至，这篇文章在"幸福教育"上发表了，孩子们听到这个消息比我还兴奋，接着我的文章接二连三地发表在书刊上还有公众号上，我写的每篇文章都会先发到我们班级群里，让孩子们欣赏，他们给我点赞，给我评论，他们就是我坚持写作的动力和源泉。受我的感染，我们班的毛浩东、许央修都爱上了写诗，每每拿给我看，我就先评论称赞一番。渐渐地，孩子们的文章也在书刊上发表了，我和他们一起成长、一起进步。

课下只要有时间，我就会听优秀教师的讲课，向他们学习。我利用午休时间把听课感悟写下来，每课都写，从未间断。因为我始终相信那句话，"越努力越幸运"。在第二学期的家长会上，原来找过我的那位家长说："何老师，我特别喜欢你说话，很爽朗，很自信。尤其你的课，我越来越愿意听。"这时我想起了那句话"花若盛开，蝴蝶自来，你若精彩，天自安排"。

弹指一挥间，我和孩子们相伴走过了一年，他们用优秀的成绩见证了我的付出。每次考试过后，我就会告诉孩子们，不要留恋以前的荣誉和成绩，虽然每次都是名列前茅，但那都已成为过去，我们应随时做好准备迎接下一次的挑战。在操场上，我看到孩子们在阳光下与风追逐，在大雪中与精灵共舞，在运动会上与意志搏斗。听，这是生命拔尖的声音；看，这是追风少年的足迹。我愿付出我的青春，我愿拿出我的真心去编织孩子们五彩斑斓的梦。

家长会展示和感悟

这段时间我觉得时间就像一把筛子，筛掉那些寡然无味的沙子，留下一些值得我们再次体味的回忆。时光改变了我们的容颜，却没有改变心里的初衷，那里珍藏着最美的往日时光。

今天中午，我庆幸有时间可以写一写上次家长会的感悟，这是一件令我极其开心的事，提起笔，从何写起呢？思绪仿佛把我拉回了开家长会的那天，为了这次家长会的成功召开，我和孩子们都精心准备了一番，我还记得曾趁着为其他老师代课的时间，向其他班孩子咨询开家长会的情景，我希望从孩子的口中得到启发，没想到这帮孩子对开家长会竟有小大人似的想法，他们的想法大抵是这样的："何老师，我爸妈都不喜欢批评的家长会！""我爸妈曾说过他们不喜欢只表扬个别孩子的家长会！""每次开家长会，爸爸妈妈都不愿意参加，因为每次老师会单独把他们留下来谈我的学习！""何老师，我喜欢让家长倾听我们心声的家长会，因为每次爸爸妈妈都把他们自己的想法强加给我们，从不采纳我们的意见！""何老师，爸爸妈妈只想知道自己的孩子在学校怎么样，而不是来听讲座的！"这些年幼的孩子说了那么多好的建议，令我折服，显然他们有自己的思考。

我顺势就有了灵感，孩子们的意见和想法是极为真实的，我又结合我们班的实际情况，同时，也听取四（3）班孩子的意见和建议，最后我和孩子们一起制订了家长会的流程！

我们把主题定为"一路感谢有你"，站在教师的角度上我是这样解读的：作为语文老师兼班主任的我，一路感谢家长这两年来的支持和帮助；站在学生的角度上，孩子要感谢自己父母这些年来的培育之恩！

因为我觉得家长会不仅是老师和家长单方面的沟通，它应该是老师、学生、家长三位一体的彼此交流。所以接下来的环节是这样设计的，基于在这样一种补习班满天飞的学习状况和压力下，孩子们没有独立的时间利用活动来展现自我，更没有时间在父母面前表现自己，所以第一个环节我就设置了班级才艺展示，全班分为八组，每个组选出组长，由组长负责节目的收集和排练。当然我这个不太专业的语文老师做起了孩子们的裁判员，给他们的节目提意见和建议。

那几天，每当下课，孩子们就会冲出教室，有的拿着节目台词，有的拿着节目道具，还有的一本正经地在一旁思考节目如何报幕，他们的节目排练有模有样，有时我在一旁观看，都不舍得打扰他们，孩子们认真时的样子是很可爱的！

看到孩子们，我想起了自己童年的时候，曾记得有好几次母亲领着我们几个去赶集，看到我们姊妹几个爱吃的东西，母亲都会拿出仅有的几元钱，给我们买，好几次为了给我们买吃的东西，而忘了给她自己买过年的衣服，这样的场景时时在我脑海里萦绕。我觉得现在的孩子在这样一个物质富足的年代，他们可能没有这样的经历。后来，我咨询了几个孩子，他们的回答让我觉得父母的爱在任何年代都是伟大的，都不会过时，也证明了我以前的认识是错误的，原来，现在的孩子也和我童年的时候有相同的经历。有的孩子说："妈妈总是把最好的留给我。""爸爸有一次去出差，给我带了一个玩具，他都没舍得买一支他自己喜欢的钢笔！""妈妈经常给我买新衣服，而她自己却很少买。"

听了这些话，我想第二个环节就设计为"爱心水果大派送"，我要求每个孩子用自己的零用钱给自己的爸爸妈妈买一种他最喜欢吃的水果，这是孩子力所能及的事。暖心的孩子还提出可以在水果上面贴一个便签，便签上面写一些和爸爸、妈妈在一起的温馨一刻或记录一些爸爸、妈妈为自己付出的一些小事；有的孩子更用心，自己精心制作了放水果的礼盒，代表了他们对父母满满的爱！

第三个环节是精美贺卡大赠送，孩子们用自己的零用钱买了贺卡，有的是孩子亲手制作的贺卡，上面有他们制作的美丽图案，当然更多的惊喜是贺卡上的内容，让我想起了那首歌："爸爸你们去哪里呀？有你在我就天不怕地不怕，你是我的大树，一生陪我看日出。"都是有温度的文字，有热度的感情！

第四个环节是我这个班主任独具匠心的呈现，和同学们相处两年，和各位家长朝夕陪伴，有很多感谢的话语充满心间，考虑到家长会时间有限，我就在网上买了一些写感谢信的纸张，每天坐在办公桌前回味和每个孩子的过往，和每个家长的谈话和聊天，一句句感谢的话语在笔尖流淌，汇成了54封有温情的信。信中有感谢，也有回忆，有期待，也有要求，总之，感谢一路有家长的陪伴和不离不弃！

第五个环节是我对所有孩子的评价呈现。回忆起这两年，我们有快乐，也有忧伤，我觉得和孩子们在一起的日子都很耀眼，因为他们有童年的纯真，有呆萌的笑容，有奇特的想法，单纯、干净、可爱。从他们身上我看到了阳光，以及对未来的无限憧憬和渴望，于是我利用平时的零碎时间为每个孩子写了评语，又考虑到只是用文字来呈现给孩子和家长，会觉得单调，我就征集了家长和孩子的合照，PPT左边配上学生和家长的合影，右边呈现评语，这样搭配看起来和谐、舒服，当然更多的是温馨，再配上舒缓的音乐，当家长听到小小播音员（我挑选的朗诵比较好的同学担任）读起自己孩子的评语时，他们的心情会时而起伏、时而动荡，脑海里会浮现出孩子在家的身影、在学校的情形，一切都是那么自然，一切都是那么平和！

当然我这个班主任更多的目的是让家长看到孩子的闪光点。所以我给每个孩子写的评语都放大了他们的优点，聚焦了他们的缺点，先扬后抑，委婉但不含蓄！

第六个环节，我想把这次家长会推向感恩的高潮，所以呼吁孩子们和我一起一边唱感恩的心，一边做手语，也许我做得不够妥帖，但最终的目的是学生感谢父母，老师感谢家长，达到这样的共鸣足矣！

家长会如期而至，我和孩子们异常开心和激动，他们早早地来到学校，我给每个孩子都布置了任务，他们有的负责发放贺卡，有的负责发放水果，有的负责奉送感谢信，还有的负责诵读学生评语。他们就是这场家长会的主角，各司其职，人人有事干，忙得不亦乐乎，整个家长会我都放手给了孩子们。刘竞文和许央修主持，宣布四（3）班家长会正式开始，我看到家长的眼神对这次家长会充满了期待，当第一个环节班级节目展示时，每个家长脸上都挂满了灿烂笑容，因为他们每个人都看到了自己孩子的表演，他们的内心是澎湃的、激动的，所以教室里响起了一次次热烈的掌声！

那掌声代表着期待和鼓励，在接下来的爱心水果大派送、精美贺卡发放的过程中，我又看到了不一样的景象，有的家长额首低眉思索何时又因孩子的不懂事而打了他，有的家长昂首挺胸眺望着窗外回味起自己生病时孩子无微不至的照顾，还有的家长眼眶盈满了泪水似乎在呐喊："孩子，妈妈错了，不应该在没弄清楚事情的来龙去脉下就对你大发雷霆。"一个个暖心而不张扬的环节一次次地触动了他们心灵最柔软的地方。也许此时就是一片此时无声胜有声的景象。

我和孩子们朝夕相处两年，也许这是我请产假前的最后一次家长会，我是一个善始善终的人，所以我不想留下任何遗憾，这次也不例外。当孩子们把一封封手写的家长感谢信送到家长手中时，我感知此时自己的内心是踏实的、无愧的，信中表达了对各位家长这两年来陪伴和支持的感谢，更多是我希望这种感谢可以绵延到他们的内心深处，可以感到众人拾柴火焰高的情愫，可以感到家校沟通架起智慧彩虹桥的力量。

每个环节的制定都发挥了不同的作用，家长会的召开让更多家长看到了孩子的长处和短处，54 条评语的推送，让各位家长看到了孩子的可塑性，当然更多的是让家长反思他们对孩子的评价。放大优点，缩小缺点，孩子就会一直行走在康庄大道上。请让这个年纪的孩子过一个自由自在的童年，未来才会有五彩斑斓的梦。

新建校新班级新学期构建家校命运共同体的路径

一个孩子的成长离不开家庭的滋养和学校的价值引领，孩子实现更高的飞跃，双翼（家校）需要齐展翅，共助力，才能抵达美好未来。如何有效开展家校共育？我认为先从建立好的关系开始，因为关系大于教育，班主任站位要高，格局要大，鉴于我们是新校区新班级新学期，"二新"背景下，树立口碑非常重要，所以在与家长建立好的关系上，我们主动出击，先赢得家长"芳心"，进而让家长对我们"无法自拔"，才会构建"你中有我，我中有你"的命运共同体，最后达到相互润泽的关系。

通过一年的实践，我主要从抓好家校共育准备阶段（感受期）、家校共育磨合阶段（适应期）、家校共育持续阶段（相互润泽期）三个维度，构建家校共育平台，促进学生成长，形成班级发展的新格局。

一、第一个维度——家校共育准备阶段（感受期）

这个维度是班主任主动出击的重要一环，也是实现家校破冰、建立关系的第一步，主要依托五个"1"达成。

第一个"1"，第一次给家长打电话（恭喜孩子被我校录取），这个电话是虚拟见面的第一次，为后续线下见面打底，打电话时我们语气要委婉，考虑要周到，服务要全面，可以这样说："小明家长您好，我是郑州大学实验小学一（1）班的班主任何蕊老师，恭喜您的孩子被我校录取了，请您于某月某日拿着某资料到学校参加第一次家长会，这是我的电话号码，有什么事情及时联系我。您听清楚了吗？好的，再见。"

第二个"1"，第一次亮相，这个亮相不仅仅亮出自己，还要亮出团队、亮出学校。这是家长认识学校的一个重要窗口，也可以感到团体强大的协同力。自己亮相时要重拳出击，说业绩，说教育观、学生观。团队亮相要重氛围，说共创学校的几件感人小事。

第三个"1"，第一次为学生制作姓名签，准备新学期礼物，让家长、学生感受到归属感、安全感，班级有专属孩子的位置、礼物，让他们感到老师看到每一个、欣赏每一个、接纳每一个。这是感情牌又是专业牌，符合马斯洛需要层次理论，先满足低级需要，从而实现自我价值感。

第四个"1"，第一次建立班级群，班级群是我们的家校生态圈，无规矩不成方圆，制定班规非常重要，讲究规则先行，犯规"踢出局"，规则前置，做到温柔而坚定。

第五个"1"，第一次邀请家长，学生被表扬才会被邀请到学校，邀请时精心制作邀请函，准备鲜花、表扬词，仪式感给足，让家长感到与老师携手教育孩子的荣誉感、自豪感。

这五个"第一次"，只是众多第一次的一个缩影，每一个第一次都是班主任、老师在家长心目中加分的重要指标，用好首因效应，我们把事情前置，未雨绸缪，让家长感觉老师既专业又有亲和力。

二、第二个维度——家校共育磨合阶段（适应期）

这个维度是班主任占领家长、学生心里位置的战略期，是赢得"芳心"的关键期，我们要做到步步"紧逼"，步步给惊喜，步步造势，步步创新，把事情做到他们心窝里，做孩子的引导者，做家长的最佳合作伙伴，让他们感受心流体验，这个维度通过"六"个行动达成。

行动1：播报班级动态：我通过学生活动照片＋视频＋文字进行每日班级情况播报，让家长时时掌控孩子的动态。我梳理周总结、月总结，与家长共享学生学习、生活的足迹。与家长一起为孩子的成绩点赞，一起矫正孩子的不良行为，让孩子的成长看得见。

行动 2：开展班级活动：我从关注群体到关注个体，依据班情，为孩子们建立了班级分享日、集体生日，以及参与社区实践活动，在这些活动中熏染他们的集体荣誉、自豪感。关注个体发展，从学生的特长切入，搭建展示平台，开展了"美术个人展""小小乐高家"等活动，并邀请孩子的家长参与其中，实现了活动效益的最大化，家长认同班级活动，从而为班级传播好口碑。

行动 3：成立家委会组织：利用栽花效应，让家长参与班级管理，成立班级家委会，选出班级家委会核心成员，让他们把控班级舆论导向，为班级传播正能量，同时对班级的管理提出建设性意见，与老师达成共识，促进学生成长。

行动 4：班本课程开发：每一位家长都是一个富矿，每一个孩子都是一个宝藏，宝藏和富矿的挖掘需要班主任依托课程的系统性持续蓄力，我积极向家长投去"橄榄枝"，家长们踊跃报名，开展了 12 节家长课程，孩子们学会了 12 种生活常识，孩子的眼界开阔了、知识叠加了、思维升级了。我发现与孩子们交流时，他们的语言表达干涩，没有高阶词汇的输出，于是我为孩子们打造了有梯度、系统性的班级阅读活动，从绘本阅读到长文挑战，最后到亲子共读，实现了阅读水平的攀升，他们变得敢说、会说、能说。

行动 5：举办庆典：一个学期结束后，我利用平时记录的流水账好事清单在家长会上公开表扬家长、学生。让他们的付出被看见、被关照、被放大。为他们发奖杯、发鲜花、读颁奖词，让做好事的效应走进每个人内心。

行动 6：价值引领：以身示范带动家长读书、学习，主动向家长推荐家庭教育书籍，建立共读圈，为家长解读各种教育政策，让他们将科学带娃落到实处。

三、第三个维度——家校共育持续阶段（相互润泽期）

这个维度是在前两个阶段的前提下发生的"化学"反应，这个时候就像谈恋爱一样，家长已认定了老师，所以慢慢地他们开始为班级做事，并在班主任、老师的激励与表扬下，做好事的举动变得一发不可收拾。主动为班级捐赠书籍、赞助班级奖品，最后延展到主动为学校赞助各种活动奖品等，这也是家校共赢的美好场景。

　　家校共育这三个阶段是我从实践当中习得和体悟到的，我很享受这种从慢慢了解到互相给予的过程，最后我把与家长、孩子一年中相处的小事汇编成了一本"土书"作为珍藏，我相信教师怀揣一颗对教育的执着之心，无论我们遇到什么样的家长也会使"铁树"开花，最后会形成相互连接的圆融大家庭。

我们无法改变四季，却可以营造局部的春天

——支教生活回望

2023年2月8日，我响应政府号召，来到南阳镇平县杏花园小学支教。

此前，我做了支教攻略。攻略一，依托任务驱动，让学生在真实情景中学以致用。攻略二，引导学生绘制阅读地图，积累语言洪流。攻略三，书写日记，倒逼阅读输入。攻略四，创办班级口报，提高学生的自我效能感。

带着潜心支教的攻略腹稿，我开启了支教旅程。

支教第一天，在我眼中杏花园小学的景象是这样的，学校门口有两尊狮子石像，大门的屋檐上方插了一排红旗，经大门走进校园，左、右手边各一栋呈数字7状的教学楼。往前走有一个圆形拱门，好似学校后花园，走近一看，是篮球场和男生宿舍楼。左手边的教学楼连通热水间与女生宿舍楼。

学校虽小，琅琅读书声以及浓厚的学习氛围却把校园的文化气息装点得如此宏大。所以杏花园小学给我的初印象就是平和、安静。

按照学校安排，我任教二（2）班语文课，与班主任刘俊超老师搭班，一起共创二（2）班的班级工作。刘老师为人敦厚和谦，与她做事，她总为我着想。我家在郑州，有时两三周回家一次，刘老师都会提前为我调课，刘老师对我的帮助，推动着我愿意付出双倍努力为班级着想，只要我可以做的，我都会主动去做。

一、前期调查，补白阅读积淀

环境的美好以及搭档的利他精神，激活了我带着支教攻略大干一番事业的豪情壮志。

支教的第一个月，我就慢慢促使攻略一、二落地了，上课的第一天，我做了一个调查，全班42个人，阅读量几乎为零，阅读最多的孩子只阅读过3本课外书籍。这样的阅读量是捉襟见肘的，贫瘠的。一个孩子的成长，最重要的捷径是在书籍中滋养与浸泡，我深以为然。

彼时，考虑到学情以及孩子的家庭状况（大多是留守儿童），让他们统一购买书籍不现实，我想改变现状，于是自费给全班订购了300本书籍，每个学生手里6本书，够他们一个月阅读与交流。

我并不满足于此，又积极发动圈内好友，为孩子们捐赠书籍。一周的工夫，班级书架上安放了500多本书，对于这些书，孩子们像"扑在面包上"一样，对阅读的渴望如饥似渴。

我最喜欢的绘本故事就是《犟龟》，这本书每个孩子人手一本，为孩子讲述此书时，每个孩子用绘画、演讲等形式呈现出了犟龟的成功路线。

我希望孩子们有如犟龟般的坚持，日拱一卒功不唐捐，最后也会遇到自己的庆典。在这堂课上，孩子们达成了共识，我们的班名就叫犟龟，我说，犟龟班的孩子们要记住，做事不怕慢，只怕站，我们要学习犟龟支棱起来的人生。

二、课本剧展演，贯穿学习始终

带着犟龟的精神，在语文课上我与孩子们走向了任务驱动的道路，为他们营造真实的学习情境，达到学以致用的效果。

二年级的孩子，多动，易观察模仿，喜欢用游戏的方式学习新知，直观思维是最重要的学习方式，鉴于此，我班二年级下册所有课文都采取课本剧的方式来激活学生的学习热情。

在每节课的展演中，孩子们都可以发掘出课本剧背后的作者意图，他们在课本剧的展演中调用了生活常识，做到了学以致用，他们的创作基于文本又高于文本。

如四月份学校组织的全校课本剧展演比赛，我们班展演的是《小马过河》，全班分组表演，遴选出最佳演员，确定核心演员，我主动放手，让孩子们编排剧本，我做好后勤服务，购买服装道具，其他的工作都是学生决定。全班同学见证了节目打磨、确定、推翻、再确定的过程，在课本剧展演中培养了他们的班级凝聚力，最后我们班的课本剧获得了全校第一名。

就是这次第一名的认可，孩子们演课本剧的状况变得一发不可收。就连古诗他们也排练，学习园地也分工合作。每篇课文结束，他们都会呈现课本剧上下集。每个小组为夺得课本剧最佳表演奖，课下都铆足了劲读课文，学习的氛围自然铺开，真好。

三、我手写我心，日记走进课堂

孩子们的写话能力有点弱，趁此机会，我为每个孩子准备了一本绘画日记，让他们记录每天的小事。开始的时候，流水账是他们呈现日记的形式。但流水账是写作的第一步，只要他们敢写，我都给予表扬。第二步，引导他们从流水账里抽离出来。要怎么做呢？我就开始写起了下水日记，每天我都会大声地给他们朗读我的日记，读完，我会告诉他们写日记要"聚焦"，依据我的文章，与他们探讨聚焦的"样稿"，方便他们模仿。

就是在这种激励学生傻傻地读，傻傻地写，以及一篇篇下水日记的分析中，一个月之后，孩子们的日记变了样。他们的日记不再说瞎话了，而是基于真实生活的真情流露。写得好的日记，我都会在早读课上读给大家听，让同学们向优秀的同学看齐。

四、"杏小小班级日报"开张，提高写作力蒸蒸日上

每个人都有自己的自媒体，如成人的自媒体最基本的就是微信朋友圈，有的老师还有微信公众号、简书、美篇。朋友圈里发一些自己的生活与工作的琐碎片段，都希望被好友点赞、回复等。这是互联网时代人与人交互的一种方式。换言之，小学生是不是也可以有自己的自媒体，带上小喇叭宣传自己，为此我为孩子们创办了"杏小小班级日报"，为全班爱好写作的孩子装了喇叭，曝光了一个又一个写作高手，增强了自我效能感。

目前，班级日报已创刊11期，全班已有50多篇文章被发表。几乎每个孩子的名字都上过报，他们以上报为荣，每天都积极读书，驱使自己写出好作品，多

一次上报的机会。

支教的日子里，按照预测攻略，一一落地，平凡而努力的日子里总有一些美好不期而遇。

一、美好之一，做青年班主任的导师

因我之前为河南省骨干班主任做过国培讲师，杏花园小学的刘恒校长力推我为学校班主任做培训，后来，又推荐我为全县中小学班主任做培训，之后，镇平县周边学校与各个乡镇就遍地开花地邀请我做班主任讲座，目前做了 17 场，每一场，都有年轻班主任提问，根据我的实战经验，给他们提供金点子。讲座结束后，我会把班主任提问的问题整理成文档，发表在美篇上，方便每一位有疑惑的班主任拿来就能用。

二、美好之二，生出一本书

我的每一次努力都被杏花园小学的领导看见，这种看见，是一种接纳、认可、尊重，这份被看见的力量驱使着我不敢懈怠，从支教的第一天起，我就计划要写支教的所有见闻。到目前为止，我写了 82 篇有关于支教的文章，写得最多的是与孩子们在一起的美好时光，其中 42 个孩子在我的笔下都有一个鲜活的画像，他们在我心中都是一个个被爱的个体，我关注他们每一个，心里装着每一个，眼里看见每一个。支教结束后我下定决心利用时间打磨这些文稿，与出版社签约，先出这本书，到时候送给孩子们，作为彼此相遇的美好见证。

三、美好之三，一场家长会让家长认清了自己的角色

支教的第三个月，我从孩子们口中得知，他们回到家父母不让看书，只让做题，我很纳闷。我在思考，家长的认知存在偏差，不懂得书籍的力量，只知道刷题可以带来既得利益。为此，我筹备了一周，为家长们召开了一场以父母角色为主题的家长会。告诉他们怎样让孩子阅读，读哪些书，怎样制定读书计划，怎样看待做题与读书的关系。那场家长会为很多家长带来了专业育儿的方法。

之后，我发现班级阅读的氛围相当浓厚，更让我欣喜的是，很多家长主动给

孩子买书了。

四、美好之四，一件班服，留存美好回忆

教育学就是人学，教人向前，教人温暖而有力量地生活。我期待成为孩子们生命中的点灯人。

7月初支教结束，我在思考我能给孩子们留下点什么，一封信、一件共同愿景的班服、15期班级日报？信与日报这些我都在平时酝酿与实施了。班服怎样设计，我向学生们求助，他们说得最多的是，何老师你希望我们如犟龟一样努力，我们的班服上就写上犟龟班吧。这是我们共同的生活宣言。

他们说完，我又想到，5月份我给他们拍的班级合影，班服上要留存每个孩子灿烂的笑脸，于是，班服的前面写"犟龟班，总有一天会遇到自己的庆典"，激励学生对生活充满激情。后面印制班级合影，提高班级凝聚力，如果他们想打架时，会想到我们是一家人，穿一样的衣服，坐在同一间教室，拥有相同的老师，吃着同样的午餐。

而今，支教马上结束，我坐在案前，回顾支教的点滴，温暖而努力，我只是一个小学老师，我改变不了四季，我在自己可控的范围内，为孩子们营造了局部的春天。当然也有遗憾，我只希望，在学生美好的童年时光，有何老师来过，温暖过他们的生活，给予过他们力量，为他们带来过美好，已足矣！

我希望我的孩子遇见怎样的老师，我就要成为这样的老师

我是红色性格，开朗大方，说话经常像带着个大喇叭，声如洪钟。但做了母亲以后，却有一种天然的温柔与温和。这种不一样的力量，我想是孩子带给我的，对我来说是一次人生重启。

从怀孕那刻起，我体内就注入了一种元素——爱每一个孩子。虽然有老师说，爱自己的孩子是人，爱别人的孩子是神。

我承认我不是神，但我敢拍着胸脯说，只要与我相遇的孩子，我只要在他的世界里走过，一定会给他洒满阳光。

我之所以自恋地这样说，是因为我希望我的孩子遇见什么老师，我就成为什么老师。

我做教师的起心动念很朴素，在我年少最迷茫的时候遇到了好老师，是老师的帮助，让我坚持了学业，考上了师范院校，最后成了老师。

当我走上工作岗位的那一刻起，我就告诉自己，我一定要成为影响孩子一生的好老师。多体察学生、多帮助学生，决不让学生讨厌我、厌恶我、害怕我。

我是这样想的，也是这样做的。

即使面对成绩一塌糊涂的孩子，我也秉着初心对待，尽管他们会为班级"丢分"，而我从不区别对待。因为我明白，学习差的孩子，上帝给他关上了这扇门，一定会为他打开另一扇窗。

虽然这扇窗我还未看到，但我始终相信，只要我与孩子一起努力，一定会找到。我爱每个孩子，是从我心底流出的情感，它是一种自然的流动，这种爱也成

了我的行动指南。我做任何事都会以爱为始终。比如，最近我接的新班，班级纪律差，学生懒散，成绩很差。面对此种情况，我怎么办呢？是像冤大头一样向别人天天抱怨，还是直接躺平，反正就是差？

这些都在我脑子里一闪而过，我在想，假如这个班里有我的孩子，那我如何救活这个班，如何影响带动每一个人？

于是，我就有了方法措施。先激活关键少数，再影响一大片。这些关键少数的孩子都是我的"亲儿子""亲女儿"。

"儿子"如何打造，先激活他们的"比学赶超"意识，让他们都行动起来，比着学习、比着读书、比着大声回答问题。让他们有虎虎生威的决斗意识，还要有爱护女生的君子特质。

男生是灵魂，女生是精灵。灵魂要守护精灵，突显灵魂的独特魅力，也为男生的长远发展做打算（结婚之后，对待自己另一半的态度，从现在开始教给他们如何与女生相处）。

至于女生的管理，多侧重以不攀比、不嫉妒为主，再说二年级的孩子，相对单纯，我就把重点放到引导他们做男生的榜样，男生成熟晚，慢热，没有女生乖巧。多半会以女生为参照物，约束自己。我希望我的孩子遇见怎样的老师，我就要成为这样的老师。我的班级的男生、女生都是我的儿子和女儿，他们的生命怎样塑造，我们一起说了算。

02

第二部分

班级管理小妙招

中途带班，先紧后松的班级管理模式挺有效

做班主任有 11 个年头了，中途带班有 5 次。每次中途带班，学校通知的时间都很仓促，第二天接班，前一天晚上告知。最开始中途带班常常让我猝不及防，印象最深的就是开学初的各项事宜做起来都很被动，后来每带一个班我都会复盘自己的工作，做的遗漏的地方，我都会罗列出来，写在备忘录里，抽时间写成带班经验教训的文章，以备来年接新班时拿来即用，做充足的准备。

2023 年 8 月 24 日下午 4 点，我接到通知，8 月 25 日开学我要带二（1）班，面对突如其来的消息，我没有被打乱阵脚，而是从容淡定地打开手机备忘录查看暑假为接新班做的一切准备，与同学们第一次见面的大礼包我备了 60 份，怎样与孩子第一次见面，我设想了很多场面，第一次如何介绍自己也做了几套方案，总之，一切都是有备而来。

生活当中有很多不确定，不确定就是确定，面对不确定我们可以确定的就是提前预设，准备先行。

一、开学第一次见面，计划 VS 变化，做好当下

8 月 25 日我举着班牌，穿着工装，满怀期待地与二（1）班孩子见面。当我来到班级站队点，有几个孩子瞪着眼睛看着我，嘴里嘟囔着"估计这就是新老师"，几个孩子头攒到一起不知打的什么算盘，一直打量我。我猜到了他们心里的问号，同时又知晓他们见到陌生人的担忧。我先开口说："我是你们的新班主任，何蕊老师，你们叫我何老师。""我们的毛老师（之前的班主任），怎么不教我们了？"这是很多娃娃的反应。我大声说："就猜到你们一定会想毛老师，毛老师一个假期没见你们了，她也甚是想念大家。所以，何老师第一节课就邀请毛老师到咱们

班与你们聊一聊。"话音刚落，很多孩子对我这个陌生老师卸下了防备，向我问好。

初次见面，我在他们的名字与模样之间着实找不到契合点，因为我不认识更不了解他们，即使前一晚我背了他们的名字一晚上，但是他们的真实样貌与名字我没有建立起很好的联系，所以我需要与他们初步产生连接，在一同经历的事情当中加深了解，我会深刻地记住每一个孩子的名字。于是，我脑袋里冒出了一个主意，就在当下，打开手机视频让每个孩子报出自己的名字，我当即快速记下他们的样子。当他们自我介绍之前，我提出了一个要求，能否让自己面对手机镜头说，再转达给你身后下一个同学，也许这个同学刚来到集合点，如果是这样你还需要告诉他，何老师安排了什么任务。一次转达内容与一次告知任务，让孩子们消除了与我第一次见面以及与同学一个假期没有见面的陌生感。

这也相当于我第一次检测孩子们是否有很好的转达能力以及与人交往的技能。事实却不太理想，没有几个孩子可以把任务转达正确，我了解一个学期同学们未见面的陌生感，所以我没有感到意外。

第一次见面就是这样在校外接他们而发生的，我认为这不算正式见面。

为了打消孩子们对我的不信任，我用了一点"心机"，让毛老师（之前的班主任）做我的推荐人以及传声筒，正式在同学们面前介绍我，听完毛老师对我的溢美之词，同学们再次瞪大眼睛看着我，"毛老师都说何老师人好，那何老师值得信赖"，是我猜想的大多数孩子的内心独白。

毛老师第一节课与孩子们聊了假期的见闻以及对孩子们的嘱托，我顺手给他们拍了很多照片，我还建议孩子们与毛老师拍集体照，我做摄像师，我想此刻孩子们对毛老师割舍不下是正常的，毕竟毛老师教了他们一年，我给他们留了充足的时间与毛老师畅聊，拍下的照片与视频相继发到了班级群，让家长知晓孩子心心念念的毛老师与孩子见面了，就是我的这种"心机"，让孩子们初步感受我这个"后娘"给了他们足够的空间来疏解自己的情绪。

二、给学生送礼要"走心"，真心 VS 走心，都要有

毛老师走后，我出场了，左手拿着一个透明袋子，右手提着一个文件夹，孩子们都不知道我拿了什么。我下口令坐直，他们齐刷刷地看着我。这个时候，我

开始滔滔不绝给他们介绍起我为他们准备的开学大礼包。

一个带有向日葵形状的小发卡，一个带有一朵小红花装饰的棒棒糖，棒棒糖象征这个学期师生共赴美好。向日葵小卡子有点来头，它与我们构思的班级文化相契合，假期我就一直在构思，接手的新班叫向阳班，班级文化、班级 logo，以及班级的一切"副产品"都与向日葵有关，所以开学第一次正式见面我送孩子们向日葵发卡，象征向阳而生，迎难而行，对生活保持乐观向上的态度。

这些礼物的寓意，我送给每个孩子的时候没有直接说出，因为一些道理没必要说出来，如果把象征的意思与他们的生活相对接，估计他们可以理解得更为深刻。我是这样说的，送你们棒棒糖是想你们在学校、在家里有了好吃的、好玩的愿意分享，你的生活就如棒棒糖一样是甜的。"家里面谁最漂亮，就把发卡送给谁"（这是我送给男孩发卡的叮嘱），"小女生收到小发卡，第一时间戴在头上，何老师希望你们每天如向日葵花一样开心灿烂"。开学至今，班里的女孩子一直戴着向日葵发卡。

开学礼包我就准备了这两件套，但礼轻情意重。

接下来，是我慢慢地观察孩子靠近孩子的时间，开学的第一天，孩子们吃饭、课间、体育课、早读、午休、站队等所有的动态我都拍了照片、视频，一股脑地发到了班级群，我知道屏幕的那头，孩子的父母牵挂着开学第一天孩子在学校的一切是否安好，家长需要的我都提前预设到了，当我每次发孩子的动态到班级群时，我们的家长在班级群里飘起了鲜花，点起了赞，拍了拍我。

开学第一天结束，我在微信公共号上更新了第一篇文章《与娃娃们第一次见面，激动又鸡血》，和盘托出了这一天我们之间发生的所有趣事。家长看完，一目了然，知道何老师是脸盲症，不能一下子记住孩子的名字。其中一位家长就提议，何老师记不下来名字就给他们编个号，从 001 到 054。这个想法不错，只是根除不了我记不住他们名字的毛病，但是我也很感激家长对我的回应。

三、发现问题，直面问题，找到"锁芯"是关键

第二天，我就很快记住了 54 个孩子的名字，原因很简单，我要"整顿"他们。其他班级都是老班主任带自己的班，我知道，我是新班主任，不能一下按部就班

地全面铺开讲新课事宜，我要先为学生立规矩，经过一天的观察，我发现整个班级的氛围都相当"萎靡"，上课无精打采，坐姿不端正，口号不响亮，站队慢，面对这样的态势，我要先让他们立起来，再谈上课学习的事。于是我就在班里搞起了常规训练，先聚焦课堂常规，再聚焦路队速度，最后聚焦口号的练习。不贪多，一点点打通练习。第三天，眼看着和其他班的课程错开了一课，这样下去，也不是长久之计，于是我就边讲课，边带领他们练习常规。

操练了两天，孩子们比之前有秩序了，新的问题又来了。课堂上我提问题时，举手的只有几个孩子，最令我担忧的是他们回答问题的声音极小。

面对这样的形势，我就在自己的课堂上下功夫，语文课堂我少说，一个一个请他们到讲台上说，能表演的让他们自己演，我给他们一个开口说话的场域，慢慢地让他们自信起来，说话有底气起来。这是一个慢功夫，怎样全面地调动起每一个孩子，调动他们每个人都能把班级当成自己的家，扛起自己的一份责任，为班级做贡献。

我知道每个孩子都渴望被看见，每个孩子都渴望找到自己的价值感，这是人性骨子里带来的渴望。我要想办法激活他们，点醒他们。

对于班级管理，我就采用了陈宇老师用的小组合作制。班级 54 人我把他们分成 9 个小组，每个小组都有相应的承包任务，每个小组的成员都是此项任务的责任人。小组长就是本组的班长，每个组员就是此项目的当天值日班长。这样管理起来方便，小组长直接对接组员，小组长直接对接老师，流程简单，每个孩子都能发挥自己的作用。

当他们被班级需要时，才会感觉自己是一个有用的人、有价值的人，这些都会促使他们自信起来，随之而来的就是说话响亮、走路自信。找到了解决问题的底层逻辑，慢慢地，班级步入了正轨。尽管还存在小毛病，但反复抓，我相信一定会好的。

至于小组长如何产生，我实行的是竞聘制，提前三天布置竞选事宜，孩子自行准备，周一在班级公开亮相，让我万万没想到的是，一共需要 9 个组长，2 个班长，1 个劳动委员，结果参与竞聘的只有 11 个孩子，于是我就根据自己的观察与任课老师的推荐，候补了唐浩轩同学做劳动委员。

从班干部竞选就可以看出来，孩子与家长对班级的事情都没有躬身入局、深度沉浸，我们之间还没有形成极强的黏合度。

鉴于此，我根据班级实况做了一个向阳班级调查问卷，直面班级问题，问卷涉及两个维度的问题，一是孩子的性格特长、原生家庭的状况，二是家长是否愿意且深入协助班级工作。问卷我采用最传统的方式，让家长打印出来，手写答案，很多家长被我问的最真切的问题所打动，有二十多个家长，在孩子的原生家庭那栏写下了上千字，让我一下明白了孩子目前现状的根源。从调查问卷中，我了解到了家长的最真实想法：不怕何老师折腾，就怕没人带领孩子进步。家长不喜欢放不开手脚做事的老师，有了家长的信任与嘱咐，对于班级今后的走向，我充满了信心。

对于我的课堂，学生的一切动态我都实行透明化原则，家长即使一整天在上班，下了班进入班级群，花上两三分钟就会很快掌握孩子一整天在学校发生的事情。我实行每日班级照片播报，每日小结，同时也让家长知晓我的真诚与用心。所以接新班这些天，没有家长给我找过碴，我非常感谢他们。

有了家长的支持，我就开始从班级环境的打造、文化墙的构思开始做起。

四、班级宏伟蓝图揭幕，步步落地，深度沉浸

开学的第一天我就发现孩子的桌子是真的脏，不管是什么原因造成的，清理干净是关键，我发动了几位老师还有保洁阿姨一起擦桌子，我们擦了整整两个小时都没有清理干净。有了与家长这几天关系的打底，我大胆地说出了自己的对桌面管理的想法与困惑，号召班级家长为同学们赞助桌布，我发了长长的一段文字，提炼成一句话，为孩子营造一个舒适整洁的环境，有意愿的家长可以参与到为孩子捐赠桌布的行列来。消息发出不到 1 分钟，集齐了 7 名为班级 54 个孩子赞助桌布的"老板"，他们自行建群，推选了一名购物员，完成了桌布的购买工作。桌布发放的当天，我为这 7 位家长写了一封感谢信，当即发到了群里，激励所有家长主动为班级服务，惠及自己的孩子，帮助其他孩子。

这封感谢信发出之后，我们的家长好像一下被激活了，只要我在群里发信息，几乎都会拍拍我，不再置身事外了。

班级文化的打造，我先从班级物质文化，也就是班级文化墙的打造做起，我提前围绕向阳班级的打造，构思了四个板块，随即我把自己的想法发到了班级群，邀请家长提建议，家长们脑洞大开，为我提供了很多思路，最让我感动的是杨子锌妈妈主动亮出自己的底牌，她说："何老师，我是美术专业出身，根据你的构思，我来绘制文化墙的图纸。"一天夜里5点，子锌妈妈把自己画出的文化墙草图发给我看，我一下被震撼住了，非常专业。一早我转发到了班级群，所有家长都为子锌妈妈的付出点赞。我猜想电话那头的她，看到大家的称赞与褒奖，会有股暖流涌入心头。

班级精神文化，紧随其后，我启动了班级共读活动，利用去年支教实践了一年的班级阅读活动经验，与家长交流阅读的重要性。在好友的支持下，我取得了全国班班共读的协助，有专业平台的引领，有家长的支持，我们顺理成章于9月17日正式开始班班共读活动。我带领孩子们一起进行长文挑战，一起完成6本绘本的领读，我期待中的这次共读之旅终于步入正轨。

与此同步的是，我依托"何老师心里话"，向家长们道出了我考取全国家庭高级指导师的起心动念就是想帮助家长更好地育儿。教育孩子是一个系统工程，家庭教育是根，学校教育是叶，只有根深才能叶茂，于是我大胆提出带领家长一起共读家庭教育书籍的事，家长们热情高涨，我招募了5位领读员，每天晚上8点准时在班级群为家长领读育儿书籍，其他家长的任务就是每天抽出三五分钟的时间听一听，如果与自己当下育儿的困惑有关，可以发表自己的感受与想法，这项活动我们下周一开始领读，后期我会邀请全国育儿书籍《奶蜜盐》的领读专家为家长解答育儿困惑。

接新班11天，两周的时间，我折腾自己、折腾家长、折腾学生，从班级常规到桌布购买，到班级文化墙设计，再到师生共读、家长共读活动，所有人都被深深卷入。

如果你是新手班主任，先不要急，先用你的真诚点亮家长，先与家长、学生建立好关系，再架构起班级建设的宏伟蓝图。

关系第一，事情第二，是我做这些事的行动指南。大道至简，最朴素的道理往往最能打动人，对家长、对学生要真诚，坚持透明化管理，让孩子、家长知晓一切，让他们心里有一杆秤：这位老师"中"。这也是我的职业幸福所在。

带新班，开学之初，不如先紧后松，样样步入正轨，后续才能持续发力，无论是老班主任还是"后娘"，做好德育预设大于行动指南。

从此刻开始，伏案制定班级愿景，细化目标，落实到每一天，规划于胸，行动先行。

为教过的每一个孩子都写一篇文章

"天龙盖地虎，宝塔镇河妖，何老师长不高。何老师到底有多高，好像没我妈高。"这是学生田果给何蕊写的白描，何蕊一点都没生气，反倒站在讲台上对学生们说，田果同学观察得很仔细，我长得并不高。她又瞬即靠在田果耳边问她妈妈有多高。"154cm。"这个时候何蕊又表扬了田果，夸赞她两厘米的差距把控得很精准，公布了自己的身高152cm，台下的同学笑得前仰后合。

这是多么和谐的师生画面，多么通畅的情绪流动！在何蕊的班级是常态，为什么同学们跟着何蕊天天那么开心呢？同学们说他们在何蕊老师笔下都有自己的画像，何老师会给每个同学都写一篇文章。

一、给学生写文章，唤醒成长自觉

特别是开学初的第一个月，何老师说第一个月是习惯养成月，有些孩子习惯不好，有时给他们讲道理无效或者低效，于是她阅读了《儿童的人格教育》，发现学生都喜欢"高峰值体验"（喜欢被突然表扬的感觉），她绞尽脑汁，提前做了德育预设，从开学第一天开始，何老师就长在了教室，她观察学生上课、下课的状态，以及他们的交友情况、情绪问题等，就因为她一天天细致地观察，她的笔下就有了活灵活现的孩子。她写完每个孩子的故事，都会在班级大声宣读出来，这个时候被表扬的孩子表面看着风平浪静，其实内心早已汹涌澎湃。

如她给学生李和谦写的文章："暖男李和谦，郭德纲的搭档叫于谦，我们班有个娃叫和谦，此谦非彼谦也，我更喜欢我们的和谦，他的性情与名字一般，和顺敦厚，为人大气，事事都是担当者。课间跑步他是'定海神针'，大家围绕他这个中心开展环行跑。班级管理他是黑板管理员，一下课就执行自己的任务，我有搬书的活也时常找他帮忙。下课时，他就像大哥一般，手一挥，吆喝着几个好友闲谈，很有领导风范。"

何蕊还未读完，李和谦同学就萌萌地站起来说了一句："老师，需不需要擦黑板？"所有同学哈哈大笑起来，"和谦，是不是被何老师夸得手足无措啦，黑板上没写字，不用擦"，和谦这才缓缓地坐下。何老师接着读完了表扬和谦的文章。此后，这位和谦同学把教室黑板擦得锃亮，科任老师都夸和谦擦黑板的标准高。其实，就是一篇文章的推动，让和谦把工作职责铭记在了心里。

二、给学生写文章，打造班级精神长相

去年何蕊教二年级，她发现有些学生爱告别人状，爱打小报告，说别人坏话，这是不好的习惯，怎么为孩子矫正，她想到了热问题冷处理的方法，先把告状放到一边，看能不能通过正向文章的书写，在班级公开发表，让爱报告的孩子意识到自己的行为对他人不友好，进而学习其他同学好的做法。

经过一番检索，何蕊锁定了为班级做好事最多的陈小祖同学，何蕊把小祖同学做的所有利他的小事一件件写了出来，并在班级大声朗读，这篇文章的书写其实就是在变相地告诉爱告状的孩子，他们这样做不好，要做对班级、对他人有益的事，写给小祖同学的这篇文章，在班级掀起了一股又一股做好事的热潮，同学们把做好事的同学当成班级里的"小雷锋"，后来，全班同学都成了彼此的帮助者，整个班级的精神面貌是和谐的、向善的。

正如何蕊在文章里写道："每每下课，孩子们会相互提醒，把凳子放到桌子下，主动捡垃圾，主动帮身边同学做好事，他们都想成为同学心中的小雷锋，整个班级的能量是正向的。每一个好的行为都被看见、都被同学记录，他们都找到了存在感、价值感以及成就感。不再有学生纠结于向老师打报告，他们在乎最多的是我为同学们做了多少好事。"

三、给学生写文章，激发学习热情

低年级的孩子在学习上如果没有督促，他们会三天打鱼两天晒网，很少具备学习的自觉性、主动性。基于他们的心理特点，何蕊又开始琢磨写文章来告诫那

些学习偷懒的学生。

何老师班里有个学生叫王振东，这个孩子很可爱，只要老师上课不向他提问，下课后他会飞奔到老师身边追问一番，课间就像霜打的茄子一样蔫了吧唧，接下来写作业就会横七竖八，字写得歪歪扭扭。科任老师向何老师反馈了振东在课堂上的问题，何蕊老师就随即给振东写了一篇文章，题目叫《我的长颈鹿娃》，文章写道："班干部是班里的灵魂人物，榜样人物，这也是班干部的人设，小学生能做到班级灵魂人物的娃不多，振东算是二（2）班的核心人物。"先是表扬了振东，振东当场觉得很不好意思。后续何老师在文中提到了振东的问题以及对他的展望。"接近一个月的相处，我发现振东在学习上不怎么上心，我对他严格要求时，他的书写就会很好，我不再三叮嘱时，他就随心所欲。我希望可以帮到他，我特别喜欢他头高高昂起回答问题的模样，神气十足。振东的做事标准，就如他的名字一般'震天动地'，独树一帜，同学们都喜欢他，我更是。"

后来，振东悄悄给何老师写了一封信，信封上还配了一幅铅笔画，上面写着听何老师的话准没错，看来这篇文章走进了他的内心，让他自发地给何老师写信，向何老师保证。

四、给学生写文章，为毕业存档

何老师是 2015 年特岗教师服务期结束以后，考到郑州大学实验小学的，2015 年至今，她带过所有学段，不管她带哪个学段哪个班，她都会把一年对每个学生的观察记录以及学生写的好文章进行整理复盘，依托每篇文章为孩子们出了 6 本土书，每本书都记录了所有学生的成长。

有时印制一本书要一百多元，何蕊都是自费给学生印刷的，书籍的电子版何蕊会一并发到班级群，每每这时，班级群就炸开了锅，家长们惊叹，这得花费多少功夫，才可以整理出几百页的学生文章。有的家长发私信给何蕊："遇到何老师，就遇到了贵人，您是孩子一辈子的幸运，感恩遇见最美的何老师。"还有的家长被何老师的真诚感动，班级里只要有活儿，他们都甘愿受何老师调遣，愿意为班级做贡献。就是这样一件为学生写文章的小武器，为学生印刷土书的小举动，链接了家长、老师、学生之间的真诚沟通，坦诚相待。

　　何蕊老师是一个质朴的 90 后，从教 11 年，她为学生写了 360 篇文章，约 45 万字，她说文字的力量很神奇，她会一直坚持给每个学生写文章，让每个学生都有一份独特的回忆。

　　（此文章是作为新闻人物，我的事迹在《德育报》被整版报道）

用自己的"生物伤疤"，帮助班级管理

生物伤疤这个词语是我从张文质老师的《奶蜜盐》一书中看到的，意思是童年时留下的伤害。

我的童年过得"凄凄惨惨戚戚"，受的最大伤害是因学习而起，儿时学习差，在班级垫底，在村子里上学，同伴大多以学习好坏作为交朋友的底线，我学习差，不仅没有朋友，还时常被嘲笑。

小时候我形单影只了好久好久。

没有朋友是我童年的"悲剧"之一。还有一大"悲剧"，那时的老师也非常讨厌学习差的孩子。

语文课上，因为听写错的多，我就成了在教室外面罚站次数最多的人。数学课，因为不会背乘法口诀，我就成了被老师踹得最狠的那个人。考试时，考得最差，我就成了那个回到家吃大板子的人。

有人说，幸福的童年能治愈一生，不幸的童年要用一生来治愈。

后来我成为母亲，经常对5岁的孩子动手，教育孩子的模式一直在模仿父母而不自知。有一天，我打了大宝，她对我说："我最讨厌妈妈打我。"大宝的这句话戳中了我童年的伤疤。

我也非常讨厌被人打，为什么我又在复制这样的行为？

追问自己，我意识到打人不对，这是觉察的第一步；第二步，我要改变这种行为模式。在与大宝长期共读绘本的过程中，我找到了改变这种模式的方法——替代。就是找一种途径来替代打人的行为。后来，在我与孩子的相处过程中几乎不再用"打"来解决问题。

我在思考，童年的生物伤疤在我成为母亲时，又显现出来了。如果不是女儿的提醒，我会一直复演。

我生活在家与学校这两个能量场里，在家庭当中我规避掉了"生物伤疤"。作为一个语文老师、班主任，我又要如何躲避童年的伤疤，不让我的学生和我一样有不好的"遭遇"？

扪心自问，小时候期待老师不以成绩好坏看待学生，现在我是老师了，我要求自己公平对待每一个学生，爱护他们、关心他们。现实我也是这样做的，只要是我教过的孩子，我就把自己当成一束光，为他们洒满阳光，让他们快乐每一天。即使学习成绩倒数第一的孩子，我同样给予他充足的爱，让他有安全感。

童年被人打的阴霾一直萦绕着我，在班级管理中，我就想着怎样为孩子营造有归属感的环境。

为了让孩子们觉得班级有爱，温暖。我为他们做了很多私人订制。如我给每个孩子写一篇文章，期末我给学生写定制评语，为他们唱生日歌，给他们订生日蛋糕，为他们每一个人安排"小职位"，给他们定制礼物等。这些都是我童年的缺失，所以我想把我缺的给同学们。

对于成绩差就没有朋友这个"生物伤疤"。在班级管理中，我通过"向阳书信"的形式为家长呈现了我的带班理念。不以成绩的好坏来评价学生，人人平等，我也会为同学们讲述交友的技巧。

在我的班级管理中，我一直在这样做，小时候我受到的"生物伤疤"决不能让学生再次受到伤害。

班级管理让我站在"生物伤疤"的时间经线上，优化设计，修正改进。让孩子们越来越幸福，让自己的职业幸福感越来越强。

新学期班主任提高工作标准的路径

《孙子兵法》上说："求其上，得其中；求其中，得其下；求其下，必败。"做事情要有个高标准，才能得到好结果，如果期望值本来就定得低，最后的结果只会更低。

目前我们班主任都有很多琐事缠身，那么在这个实际情况下我们怎么高标准地完成任务，我有以下几点建议：

第一，明晰各种安排

1.把学校的各种班主任量化考核都理清楚，只有清楚了，才不慌。

2.梳理你所承担的值班、送路队的时间点，粘贴在办公桌上，才不会忘。

3.针对这一周、半个月、一个月你所要完成的事情，拉出一个清单，做一个四象限时间管理法，用来管理自己的时间。

第二，学会借力

班主任要想解放自己，要学会向学生借力、向家长借力。

学生：人人安排小岗位（要持续跟进，标准清楚，不能模糊，精细到把大象关进冰箱，第一步、第二步、第三步），以组为单位方便管理，也可以组建项目组（擦黑板组、打扫班级卫生组、绿植守护组）。

家长：组建家委会，建家委会群，找好班级家委会牵头人，组织大家分工为班级精准服务。比如：张三家长负责班级各种表格制作、健康档案打印。李四家长负责资料费用收集、班级照片收集。小明家长负责校服征订、推送家庭教育书籍和育儿小妙招。小刚家长负责班级舆论观察员、收集班级家长好事迹。

第三，明晰责任、守护安全防线

明晰自己的职责，每位老师都是班级安全的守护者，所以为了给自己少制造麻烦，班主任、副班主任协调好，及时进班盯着学生。特别是当堂课的老师，要提前3分钟进班，目的是交代学生拿出当堂课所用的学习资料，及时进入上课状态，更重要的是我们提前3分钟进班可以避免学生在走廊打闹，出现安全事故，有一件安全事故出现，我们就会忙到焦头烂额，心力交瘁。

第四，好的关系是教育的前提

与家长搞好关系，有句老话说得好："哄死人不偿命。"只要有家长做了一件好事，我们就在班级群表扬，造势，往死里夸她，激活其他家长效仿做好事，这样关于一件件小事的表扬，能成为撬动良好关系的支点，有了支点，我们再给家长输送家庭教育的小妙招，然后，时不时地给家长打报喜电话，表扬他的孩子，这样班级正能量占主导，好的关系慢慢建立起来，工作就会顺风顺水。

第五，每一个人都是宝藏

向身边有经验的班主任学习，向他们取经，亲自去看他们的教室是如何布置的，请教班级是如何管理的，比如：我来到恒大城就积极地向黄彬彬老师取经：他们班无论什么时候进去都是干干净净、整整齐齐的，学生纪律也非常好。黄老师告诉我一个词："盯死他们。"班级文化建设、学生积分管理，我积极向林林老师取经，林林老师告诉我要持续"跟进"。我来到恒大城编辑班级信息、策划活动稿，就向魏玟帆老师借力，他告诉我要做到简洁明了。去年我遇到讲公开课磨课的事，我就主动找紫薇帮我磨第一遍稿。紫薇告诉我知识要前后勾连。博、美嘉、梁老师都是视频剪辑的扛把子，还有很多优秀的同事，他们几个只是我们众多恒大城老师的缩影，每一个人都是宝藏，每一个人都了不起，只要你敞开心扉寻求帮助，大家一定齐心协力帮你做好。

第六，我为人人方可人人为我

与你的搭档成为"战友"，和副班积极沟通班里的事，把副班看成你的家人，有事一起扛。所有副班都是我们坚强的后盾。想他人之所想，急他人之所急。

第七，先处理情绪再处理事情

先处理情绪再处理事情，管理好自己的情绪，遇到不开心的事做深呼吸、正念、冥想，感受自己的呼吸、感受当下自己的情绪、接纳自己，让自己冷静下来再处理事情。

　　以上七个维度，基本上就是一个大框架，如果大家在这些方面下功夫，慢慢地会从烦琐的事情当中抽离出来，慢慢地，会成为以高标准做事情的榜样，期待大家都慢慢长成参天大树。

"何老师有话说" 集结

当班级管理出现问题或者没有问题时，我有自己的柔性管理方式，想到什么或者看到班级有哪些现象，我就会用"何老师有话说"在班级微信群为家长们呈现，以下是我发信息的一些缩影，与大家一起交流。

何老师有话说 1

何老师有话说哦，这学期李聪聪老师担任咱班的副班主任，李老师有两年的毕业班带班经验，专业扎实，对学生认真负责，人美心甜，娃们一定会爱上这位副班。李老师也特别想认认真真陪咱们班孩子享受小学最后一段时光，最后也要感谢陈晨老师陪孩子度过的日子。

何老师有话说 2

各位家长战友，您好，您的假期即将来临，因为您的"小神兽"即将"空降"学校，这两个月您辛苦了。试想这两个月您一定经历了各种和娃斗智斗勇的时刻，致敬您的不容易，马上开学了喽。

温馨提示请您查收：1. 返校具体时间是 26 日早上 7 点 45 分，十一之前依然采用夏季作息时间表。（明天我把夏季作息表拍照再发给家长朋友们）

2. 提醒娃们做好返校准备：作息调整、书包、假期作业、服装等。

3. 周一统一着夏季校服：女生下身裙装，男生短裤，统一系新红领巾。

4. 升旗仪式所有学生都唱《国旗国旗真美丽》，我已将电子版歌曲发至班级群中，今天在家熟悉熟悉歌曲。

明天我这个新"孩子王"第一次和娃们见面，有两个最大的感受：一是激动，一下子重新认识那么多娃,我怕自己不能将娃的模样和姓名对号入座(我会尽力)。第二个感受是幸福，感谢缘分让我们一起度过这美好的一年，我已做好准备，相信您比我更早地整装待发，因为我们有一个共同的任务，为了娃的未来，随时启程。最后叮嘱一遍，温馨提示请您打包收好。

何老师班级活动心里话 3

郑州大学实验小学六（5）班第一届好声音唱歌比赛完美收官，谢谢佳依爸爸亲自驱车安装的音响设备，谢谢舒萱妈妈提供的金话筒，谢谢佳依和子萌两个主持人，谢谢包校莅临现场，谢谢六（5）班的娃，谢谢王欣、周利提供的支持帮助，谢谢聪聪的大力相助，谢谢几个娃活动结束后帮忙把音响抬到东门。今天要谢谢所有人，第一届好声音唱歌比赛在所有人的期待和掌声中结束。下一期好声音何老师还是和你不见不散。

何老师班级活动心里话 4

咱班最近有一部分娃要参加足球联赛，他们怕耽误学习，还特别希望为班级争光，我每天都是 6 点多离校，所以，我和娃们商量让他们放了学打会儿球，5点半必须离校，训练时间截止到比赛结束，请您务必来接娃，因为有一部分女孩子，而且放学后学校不允许学生留校，请您理解老师所承担的安全责任，一定要亲自来接，稍后我把参加联赛的娃的名字发群里，还有几个娃是替补，有任佳依、高瑞、任瑞鹏。请您知晓。

何老师班级活动心里话 5

六（5）班第一届朗读比赛圆满结束，感谢家长的支持，感谢娃们的配合。一周的精心准备，在此刻完美呈现，我觉得我遇见了一群志同道合的朋友（六（5）班的所有家长和娃们），是你们给我力量，让我的各种班级管理的点子生根发芽，让我能聆听到这个世界上最好的声音——读书的声音。我有时脑子里会有各种火星般的想法，每次和家长们分享，都能得到支持和认可，我觉得这就是我的福气。感谢你们给我带来福气。

何老师班级管理心里话 6

最近几天娃们很浮躁，大家看到上面的图片了吗，是前段时间咱们班舒若、韬然这两个娃为了遮盖下面的污渍，用新的黄色海绵纸设计和粘贴的，今天我来到教室，检查卫生，抬头看到崭新的文化墙设计被划了很多痕迹，还有几处都划开了，我很生气，我不知道娃出于什么目的，是好玩，还是什么？总之，没有把班级当作自己的家。我建议各位家长今天跟娃说说，看是哪个娃弄的，明天来主动跟我说，知错就改还是好孩子。谢谢您，费心了。

何老师班级管理心里话 7

今天殷子涵跟我说："何老师，我五年都没做过中队长，我不会整队，也不敢整队，在家都不敢大声说话，咋办。"我说中午在家背 20 遍"六（5）班，立定，六（5）班解散"。像这样的娃应该还有很多，多多鼓励娃吧！

何老师班级管理心里话 8

最近一直很忙，一件事接着一件事，自从娃们期中考试过后，我本打算一对一找娃谈心交流，后来因为种种原因这件事滞后了，但是请您放心，我一定会抽时间找个别娃聊天。还有一件事要跟大家解释，最近一直有家长私信或口头跟我说，"何老师，俺娃学习不好，纪律差，和他同桌有关系，你给俺娃调个好位置吧。"

其实，作为班主任，您内心的焦虑、抓狂我都理解，其实接咱班的时候，我没调座位，是孩子自行找座位坐的，后来我从这个自行找位置的小细节发现，有的孩子不想让老师观察到自己，所以悄悄坐在了角落里，其实他这样的想法是错的，因为老师有眼观六路耳听八方的本事，开个玩笑，他不知道老师怎么想的，我告诉大家我是怎么想的，但凡自行坐在后面的娃，无外乎有这两类，一类是隐蔽自己，另一类是学习型孩子，找个安静的地方，好好独处。那这两类，通过一两周的观察我就能一一对号入座。

后来，我又新调了座位，新调座位之前，我是这样考虑的，一是性格搭配，二是成绩互补，当然都是站在孩子的角度考虑的，我也承认自己有考虑不周的地方，我反思。我去年教的那班娃，一年都在实行座位轮换制，但存在一个弊端，弊端就是为了坐个好位置而坐个好位置，几乎不存在优帮差或性格搭配的情况。每次调座位都费很多脑细胞，当然，作为班主任，我是考虑每个孩子的发展而去做每一件事的，请您理解。

我还想告诉大家，我一直喜欢默默为班级做事的孩子，比如雷曜名常常中午留在教室整理桌子、擦黑板，马益纶、金玉瑶主动为班级做板报，姚梦琦悄悄帮我接水，任佳依暖心地给我写纸条叮嘱我喝水吃药，还有一个娃因犯了错误默默地把自己的反思放到我讲桌上（前提我从不让娃写反思）。还有家铭、吕永博安静地修理班级窗帘等，这些事看似很小，但折射的是大智慧、大胸怀、大修养。愿咱班的娃都拥有大胸怀、大修养，未来可期。

何老师班级管理心里话 9

今天午读时间，吕永博同学来到教室，此时的我，正在拉下最前面的窗帘，我怕今天的阳光太烈，会映射到娃的眼，影响前排娃看黑板，不知为什么就是拉不下来，永博说老师我有经验，说着他一手拿着杆一手扶着墙，三下五除二就把窗帘弄好了，此时的我是发自肺腑地赞扬娃的。娃接二连三做好事，大课间放学时，刘家铭同学和永博一起把空调旁的窗帘也修好了，看到俩娃为班级做事的背影，此刻，我觉得他们是六（5）班里最美的风景。

何老师班级管理心里话 10

这两个背影让我感动，送完学生，雷耀名和周攀洋两个娃在教室里悄悄地扫地，我觉得太晚了就没留值日生，没想到有愿意为班级服务的娃，他们显得格外高大。如果每个娃都这样该多好。记得最清楚的是攀洋说："何老师，我看着教室太乱了，实在看不下去了，所以就想着打扫卫生。"还有耀名说："何老师，垃圾太多，我都带下去。"这些小细节，让身心疲惫的老师倍感温暖。

何老师班级管理心里话 11

最近一直有老师反映咱班纪律差、孩子上课提不起精神，何老师有两点建议，每天让娃做好规划，什么时间干什么事，这样做事才会有条不紊；另外我有一个从学生时代至今受益的好习惯，每天早晨去学校之前，我都会把今天一天要干的事写到一个本子上，或者写在便利贴上，每干完一件事我会划掉，另外也会有突如其来的临时的事，我也会妥善安排好，每天晚上睡觉前都会一一对照看今天的事做完没，没做完绝不放到第二天。我希望咱班娃也一样，凡事有计划和目标。人家说有目标的人，才会每天像小太阳一样，光芒四射。另外，请您给娃制定严格的作息时间表，养成早睡早起的习惯，我作为一个妈妈、一个妻子、一个老师、一个班主任、我都要求自己 5 点 30 分起床，然后 20 分钟锻炼身体，然后帮婆婆做早饭，6 点 10 分从家出发到学校，来到学校第一件事是练字，第二件事是备课。每天有条不紊。我觉得家长一定要告知娃，决不能在这个奋斗的年纪选择懒惰，有人说学习很苦，但是学习是苦一阵的事，它不会苦一辈子。请您和孩子聊聊。最后，我作为一名班主任同时也是一个母亲的身份，我觉得咱的娃在出现任何苗头之前应该主动提前跟班主任沟通，而不是放任自流，只等班主任来发现，这样一来，咱作为家长太被动，咱班李佳泽爸爸做得非常好，佳泽爸爸怕打扰我，都是发语音问孩子情况，几乎每周问两次，所以佳泽才成长得快。我也希望咱班出现更多的像佳泽爸爸这样的家长。

何老师班级管理心里话 12

今天娃们的纪律稍微有了改善，分贝管理起了一定的作用，娃们渐渐懂得小声说话、小声交谈，作为班主任我很开心，但是这周的周三、周四、周五按照学校安排，我要去重庆培训，所以心里着实忐忑，我的课已安排好，感谢我们亲爱的副班李聪聪老师和敬爱的包校的帮助，最后还是得靠咱家长朋友叮嘱咱的娃遵守班级纪律，保持分贝管理，我想这周的值日班长刘家铭、杨承澈一定会担负起重任，不辜负老师的期待。感谢您听我在这啰唆这么多。

何老师班级管理心里话 13

一周的陪伴，娃们给我带来了各种惊喜，常规训练比赛时的志忑、检查卫生时的负责、打卡发圈时的认真、轮流举班牌的紧张，这些，我都保存到了我的记忆里，我会永远储存着。我虽然长得粗枝大叶，但内心是非常细腻的，所以有关孩子们的细节我都会一一记录下来，然后第一时间反馈到六（5）班微信群里，每每发这些细节表现时，你们都不约而同地回复，或长或短，我都收到了。有时家长战友们隔着屏幕看到自己的娃被表扬了，我想那一刻拿着手机打字的你，也是轻快明朗的，因为从您发的文字我能感受到；有时我因小事给您打电话，您都没有疑问，只有一句话：孩子交给何老师，我们放心。此时此刻仿佛有一股暖流涌入我心头，我只想说，感谢您的理解。

我这个人相信缘分，有人说，数千年的回眸才赢来今生的一次擦肩而过，而我们经常你来我往，您输入我回复、我输入您又回复，这岂不是要修炼几万年的缘分。所以我很珍惜与大家今生的相遇、相识，更希望经过一段时间和你们成为知音。

有时感慨金无足赤人无完人，我们不苛求完美，只希望用自己的一阵子吃苦，赢得后半生的精彩，这些要求还得告诉孩子，因为这是社会规则，物竞天择，适者生存。相伴一周的时间，娃们听话、天真，爱火星文化，爱天马行空，这很正常，唯独不喜欢遵守课堂规则，有时我的话音未落，娃们的声音已此起彼伏，我急需家长战友们帮助我，不用我大声呵斥，用什么方法控制孩子上课不窃窃私语，这个话题我和李聪聪老师商议过，说真的我不想用河东狮吼的方法制止他们，真心需要家长战友们一起出谋划策，有人说越自律越自由，可能娃们还没有品尝到自律的甜头，所以现在还是不能遵守课堂规则。

今天想把这段话分享给大家，这是我的所见、所闻、所想。最后希望大家给我出谋划策，一起收拾咱放养的"小神兽"，征集令从今天开启。期待您的私信与分享。

何老师班级管理心里话 14

温馨提示一下：这个语文之星是我自己掏钱在网上订制的。每个班只有 15 个，请您告知娃得到以后要倍加珍惜，不要弄丢，感谢配合。咱这个语文之星只有每次周测试考前 15 名的娃才可以佩戴的，是漂流用的。不要弄丢，再次提醒。

何老师班级管理心里话 15

为了提高孩子的自信，我实行了集合放学拿班牌轮流制的方法，今天轮到周祺轩了，这个娃有点害羞，这都是我悄悄拍的。看来我们得多让内向、不自信的孩子露脸啊。

何老师班级成绩反馈心里话 16

当 8 月 26 号得知我要教六（5）班时，我就找了王慧梅老师请教，哪些娃是"魔天大王"，哪些娃是"圣斗士"，哪些娃是"天使"，通过这两个多月的观察和接触，一下打消了我之前的偏见。今天看来，没有"魔天大王""混世魔王"，62 个孩子都是"天使"，都有一颗向上、向善、向前的心。接下来我给家长战友们反馈一下语文学科期中考试成绩。

100 分的 1 人。

95—99 分 33 人。

90—94 分 29 人。

85—89 分 4 人。

80—84 分 2 人。

70—79 分 3 人。

60—69 分 1 人。

参加考试的娃共计 62 人，80 分以上为优秀，优秀率达 93.55%，娃的成绩他们都已清楚。我只希望娃们通过成绩反思最近的学习状态，希望六（5）班的娃们，心怀梦想，越走越远。

何老师班级成绩反馈心里话 17

交古诗的有 44 个孩子，下午我把没完成语文作业的名单发群里，请您知晓，交阅读记录卡的有 37 人，下午也会把没交的名单反馈给您，有人说孩子的教育不是老师一方在努力，而是老师与家长携手同行孩子才会越走越远。我很相信这句话，通过近三周的作业批改，可以看出家长和娃同努力，娃才会越自信，以下是家长、娃、老师配合极好的名单，黄舒若（再活泼一些）、娄嘉宁（有时候可以为老师分担一些工作）、吉舫墨（可以找老师主动交流）、张家硕（讲究卫生一些会更加分）、吕永博（太调皮）、郝弈如（积极认真）、李翟雅（很踏实）、杨承澈（孩子个性太张扬，这周是值日班长，希望学会低调）、高瑞（人小有个性，有担当）、周攀洋（凡事都靠自己）、翟韬然（为人处世再低调一些）、任瑞鹏（娃有点闷）、周欣雨（在我看来很乖）、刘锦茜（课堂上可以主动一些）、金玉昕（这个妹妹看起来像姐姐）、刘子豪（管住自己会更好）、赵梓博（一直以来都很踏实、努力）、周芮暄（本人很努力）、付子萌（有上进心，为你点赞）、郭佳仪（可以主动与老师交流学习和生活上的事）、金玉瑶（姐姐得做出榜样哦）、欧逸舟（凡事平和沉稳一些）、周仕泰（实实在在地去学，不会就问）、赵一翔（老师的小助手，热心肠）、李姝萱（听课认真）、岳绮茜（踏实）、殷子涵（有爱心，主动给何老师让座）、冉一阳（有点内敛，有时可以主动承担一些事，比如上次问唱歌的事，原本你可以站起来，可是你没有，白白浪费了机会）、朱新光（放学总是给老师问好）、王慧娜（是一个懂事的孩子）、韩汶峻（有时爱说话哦，不过听老师的话）、李子睿（坚持有韧性）、司衡（声音好听）、徐如钰（善解人意，我曾在教室多次问娃摔伤的事，总是说没事）、刘润哲（太腼腆）、王柯欣（有力量的女孩）、任佳依（聪明）、黄胜楠（咱的谈话不多，但我记得你每次认真听课的样子）。

其实发这段话就是想告诉大家，我和您的任务就是一起送孩子一程，希望他远走高飞，在这个即将展翅的时刻您要助力孩子越飞越高。

何老师班级活动心里话 18

请各位家长和娃一起动动手指，数一数娃读书打卡一共坚持了多少天，请您一定数清楚哦，咱们一起鼓励娃养成一个好习惯，同时我们也要时时奖励，奖励的标准以目前为止读书的天数和打卡的次数为主要参照，（因为是第一次奖励统计，为鼓励娃养成好习惯，暂时以天数和打卡次数为参照物）下次我们奖励的标准依照天数、打卡次数（这个大家自己统计）、打卡的质量（这个何老师把关）为参照，请您理解，第一次统计咱娃的坚持成果，记得告诉娃，凡事坚持下去，老师一定会在某个时刻让你的语文学习生涯春暖花开，目前仅仅是何老师，以后还会有更多这样的老师和家长战友们。统计完后咱们接龙哦（古诗打卡和读书打卡都算哦），我期待看到娃的努力成果。

如：1.何蕊 打卡 31 天，打卡次数 62 次。

何老师班级活动心里话 19

幸运的人儿，今天为大家推送的是杨承澈、欧逸舟、王柯欣、于令怡、任佳依、金玉瑶、赵梓博、李佳泽这八个娃的小练笔，这些小练笔都是孩子上周当堂完成的，除了承澈和佳泽的，大家不要介意哈！我目前存的娃的照片少，编辑时我都是一个一个翻看家长战友的朋友圈找的照片，有的家长有很多娃的美照，比如欧逸舟妈妈，有的只是孩子读书打卡的照片，我建议没事多晒晒娃，越晒越优秀。另外大家记得哦，娃的文章被选中后，您单独给我发文档的时候一定要备注娃的名，有时我事多，闲下来我一定会给娃编辑的，但遗憾的是有时没备注名字。感谢您支持。晚安。

何老师家校合力心里话 20

这周六周日李佳泽爸爸利用自己的休息时间为咱班级服务，作为班主任，我很是感激。今天早晨佳泽爸爸说对照了收款记录，有一个娃的钱没交，是不是家长太忙忘记了，佳泽爸爸提前把钱垫出来了，您看到信息把钱转给佳泽爸爸（以后我们家长转钱时一定记得备注哦）。

有这样一位家长，为了娃，为了咱班的活动亲自驱车来班级安装音响，作为班主任，我心里是特别感激，有人说孩子的身上都有家长的影子，这句话很有道理。佳依善良大方、与人为善，佳依爸爸更是，佳依爸爸是孩子的榜样，我觉得更是六（5）班所有家长的榜样。

何老师感激学科老师心里话 21

培训五天的时间，这几天一直是李聪聪老师操心咱班的大事小事，李老师凡事都很用心、细心，看到娃升旗时的状态我就知道李老师肯定指导了无数遍，这几天李老师一直跟我联系，发信息，叮嘱我在外好好学习，珍惜培训机会，让我别担心，这会儿培训间隙看到李老师发的升旗照片，心里是满满的感动。上周学生体测、升旗，我知道即使两个老师配合工作都够累的，何况是李老师一个人扛了下来，再加上李老师还教三个班，需要备课、上课、改作业。瞬间觉得李老师不愧是我的好搭档，有担当，咱六（5）班的娃有这样的好老师应该感到骄傲，我现在就要大声说：我骄傲，我是李老师的搭档；我骄傲，我和这样用心的同事共事。最后，道一声，李老师辛苦了！

何老师感激学生老师心里话 22

这一刻我感动得要哭，今天刚放学，姚梦琦说："何老师，你得听我的话，一会我来找您。"说着一溜烟的工夫没人了。当我送完路队，这娃一边满头大汗、气喘吁吁地对我说："何老师、何老师。"一边手里递给我两盒药，我说你给我买药干啥，娃说老师您嗓子都发不出声了，我心疼，所以一放学我就快马加鞭地去买了，害怕您明天不能和我们说话。这时我一把搂住孩子，其实眼角已湿润，三天的时间我们就成了相互温暖的人，幸福就在这一刻春暖花开了。感谢你，我的娃。

何老师心育课程心里话 23

今天一进教室，有娃对我说："何老师，你长得太矮了，俺爸妈也觉得你矮。"多可爱的娃，何老师的确挺矮的，孩子没说假话，顺着这个娃的话，上课之前，我和孩子们交流起来，交流的是了解某个人我们要从长计议，俗话说"路遥知马力，日久见人心"，娃，人不能光看高矮长相啊，这样看问题不全面，金无足赤人无完人。

接下来，我给娃列举了我努力奋斗的历程，2016年我手写家长信的事迹刊登在《中国教育报》上，2018年我获得了"郑州最美教师"等荣誉。接着我又说，人是因为奋斗而美丽，而不是为了美丽而美丽。这时教室里响起了一阵掌声，接着，我们上起了课。

何蕊心育课程心里话24

最近一周的生活和工作悲喜交加，特别是今天我们三个老师都不在，孩子们自己组织安排的班级足球联赛，让我特别感动，本来我提前买好了巧克力，也忘了给娃们发。今天下午党员培训完我第一时间来到学校，我悄悄走进班级，环视了一周，有几个娃玩得热火朝天，但绝大多数娃安安静静坐在教室，我一进教室，逸舟迅速走到我跟前说："何老师，咱赢了，咱赢了，5：3"。我瞬间为咱的娃感到骄傲，之前凡是娃有活动我都会全程参加，这次没参与心里有些愧疚。不过看着娃开心的样子，我仿佛理解了一个词"守望"，守望他们成长，守望他们奋力奔跑，我只在一旁静静地为其鼓掌。

最近我也是压力超大，前两天接到通知，学校决定派我参加12月份全国的一个公开课。周三周四和领导出去参加这个全国公开课的预备会了，整个会场都是全国教育界的大咖，心里既激动又忐忑，激动于全国高手云集，和他们在一起可以学习到最前沿的理念，忐忑于这次全国展示课我讲不好咋收场。无论如何，我会全力以赴。我感恩于领导提供的好机会、感恩于家长的理解、感恩于六年级团队的通力合作。下一周又是家长开放周，我这个人就是凡事要做就要做好，所以这两天一堆事，我理理思路，一件一件的来。为什么啰啰唆唆给大家说这些，就是想告诉娃，凡事尽心做，默默努力，相信娃的未来也会大放光彩。

老班粉笔字坚持 1124 天，能给班级 管理带来哪些变化

"有的人一辈子懂得很多道理，但仍没过好一生。"我认为人这一生没过好的最大原因就是缺乏行动力，行动力就是在自己可以掌控的范围慢慢地微雕自己，哪怕变化很小，日积月累，水滴石穿，也会遇到自己的山海。

我是一名小学语文老师，也是一个老班主任，我常常把这两个身份进行"资源融合"。我常常想，在我力所能及的范围内可以做什么？什么能给班级管理带来变化，我就要做什么。

三年前，有一件事，我一直记在心间，当时我给每个学生安排了写日记的任务，只有小吴没写，我问他为什么不写，他反问我："老师，您要求我们每天写日记，您自己做到了吗，您有没有一个习惯一直坚持着？"这句话就像当头棒喝，问得我哑口无言，小吴的话我记在了心里。后来我找到了自己可以坚持的事，就是写粉笔字，我每天都写。教了两个毕业班，教了一个一年级，我教过的这三个年级的孩子经常开玩笑说："何老师就会写粉笔字，她还天天写。"粉笔字跟着我走过了 1124 天，在这 1124 天里，孩子们见证了我粉笔字的"蜕变"，我也目睹了他们行为模式的转化。

行为模式转化一：孩子们做事的耐性变得持久了一些

我每教一个班，都会有固定动作，让孩子坚持练字，练字可以静心，练字是营造班级"静"文化的一种方式，孩子们在练字的过程中可以找到自己的优势和短板，孩子们在练字的过程中经常听到"记得，何老师说写字要留白""要懂得穿插避让，看清再写，慢慢来，像何老师坚持每天写粉笔字一样"，这些对话都

是他们在写字的时候进行的,我每天早上擦了写、写了擦,直到写出自己满意的粉笔字,被学生看在眼里,潜移默化,他们也在复制我的行为。孩子们练习写字的耐力持久了一些,这只是他们班级生活的冰山一角,就这一角也是他们做事变得持久性的一个小小缩影。

行为模式转化二:孩子们的心流体验变得长久了一些

心流就是孩子持久地专注做一件事情的能力,专注度越高,心流时间越长。最近我们在排练课本剧,一般我会领着孩子们把课文内容学一遍,然后指导他们根据角色进行小组划分,最后他们在团队的赋能下产出好的作品。起初我发现他们在排练课本剧的时候存在应付的现象,我进一步做了调查,发现了问题,孩子们只是按照课本内容进行了演绎,缺乏创造。怎么激发他们的创造力?我专门做了粉笔字书写第1天到1124天流动的变化视频,我对他们说,何老师开始写的时候很难,到665天的时候我就把写粉笔字当成了自动化的事。如果哪一天不写,我就会觉得浑身不自在。带领我把粉笔字书写当成吃饭、呼吸这样自然的事是什么呢?孩子们瞪大了眼睛,等着我揭晓答案。"刻意练习",我把这几个字重重地写在黑板上,我说就是每天都要坚持,当你坚持1万小时的时候奇迹就会出现。这个时候小艺说:"何老师,我明白了,课本剧表演就是我们要多演、多坚持、多想,就会有奇迹。"全班孩子认真听完,就迅速三五成群地去寻找排课本剧的心流时间。

行为模式转化三:孩子们的向师性变得永久了一些

今年我在外地支教,我教的二年级,最近有几个孩子一直夸我,老师你字怎么写得那么好,我毫不掩饰地回答,你也可以和我写的一样好,"真的吗"是多半孩子的答复,朱玉追问我:"何老师,你为什么要坚持写粉笔字?"特别有思考力的问题,我面向所有孩子说:"何老师是一个很笨的人,原来你们的学姐(小吴)想和我比试做事的耐力,何老师勇敢地迎接挑战,今天是何老师坚持写粉笔字的1124天。""啊,啊,啊"是他们此起彼伏的惊讶声,"1124天有几年",是他们问得最多的问题,三年多,我说。云泽说:"何老师你做的这件事太令我震撼啦!"凯均说:"何老师我也要像你一样坚持写粉笔字。"我补充道:"你可以坚持写好铅笔字和写日记。"几个孩子下课后围着我说:"何老师,你太伟大啦！"我笑着说："谢谢你夸奖，你可以这样夸老师：'何老师，你太强大了。'"

写粉笔字坚持了1124天，这些天我只专注于微雕自己，在微雕自己的同时也在慢慢地熏染着孩子们，我的小小坚持被他们看见，他们内在的改变，让我觉知，老师的一个小小行动，可以具备"蝴蝶效应"，影响他们的方方面面，让我们因坚持而美好，因美好而坚持。

抓住这三点，问题生纠正不再难

在8+1工作室的案例分析项目组的研究中，经过对许多问题学生案例的问诊、会诊与诊疗，我归纳出了问题学生行为矫正的"三步走"，这三步为矫正问题生打底，矫正问题学生不再是难事。

第一步，安全感营造，给够奶

问题学生大致为品德、学习态度、心理等方面出现严重问题，无论哪一种问题学生，他们都极度缺乏安全感。老师首先要保障有安全的课堂，课堂的安全不仅指学生的人身安全，更重要指向心理安全、人格安全、话语安全。给问题生营造一个安全的学习、交往的氛围是极其重要的，就如同人在成长中需要的阳光、雨露、水分、土壤，如同婴儿期的本能需求"奶"一样，让孩子感到世界的安全与美好，他的身心才会慢慢舒展，这也是对问题生精神的基本关照，有了安全感打底，这个时候老师再去和学生谈自身问题就会好很多。

第二步，小步子定调，给够盐

对于问题生，他们身上的问题不是一朝一夕形成的，对他们的矫正要保持耐心，耐心可以治愈一切。其次，为问题学生把脉，分析经年累月形成的不良行为，然后依托小步子原理与问题生共同签订进步契约，商议如何达成目标，如何分解目标，每天进步一点点，一月、一年就会有大成效。盐是我们生活的必需，也是孩子每天成长的必需，盐如小步子原理达成的智慧品格，每天渗透一点点，这种品格会慢慢转化为问题生面对困难的勇气，让他们不再回避与退缩，盐要给够，助力他们走向自信的人生。

第三步，鼓励跟进，给够蜜

张文质老师说，1 次批评要用 24 次表扬来弥补，可见批评的杀伤力有多大，特别是面对问题生，他们敏感，老师更需要用表扬的权杖让他们找到自信。怎么表扬，也有技巧。多表扬过程少表扬结果，多表扬努力少表扬成功，表扬多用"你"句式，你看到的、你的感受、你的期待，加持行动表达（拥抱、点赞手势、赞美的眼光）。表扬就如成长中的蜜一样推动着问题生慢慢前进，激发他们的主动性与价值感，让他们尝到进步的甜头，会更好地滋润自己。让他们在克服困难的时候，有甜蜜的自我效能感。

安全感的营造如同"奶"一样给问题生充足的源动力，小步子定调，如同盐一样每天添加一点点，为问题生提供学习动力，形成智识品格。

鼓励如同蜜一样，让问题生面对困难时经得起困难的摔打。学会了这三步，矫正问题生就不再是头疼的事，接下来就交给时间与耐心吧。

做一名学生喜欢的班主任，试试这"四步"

班主任是世界上最小的主任，也是最忙的主任，他要管两个班，左手家长班，右手学生班，学生是班主任的"传声筒"，班主任一旦受学生喜欢和爱戴，那么家长班就会很快理顺，怎样成为学生喜欢的班主任？依据我 11 年的实践，总结为以下四步。

第一步，多关照人，少关照事

我们的孩子还小，在他们萌芽的年纪少讲道理，多以一些感情铺展，让他们幸福地过好小学生涯。前几天，小谦和小墨打架，他们是真枪实干，拳头相向，我和几个孩子拉了好一阵才停下来。事后，等他们平静下来，我问他们打架累不，疼不，他俩不知道我葫芦里卖的什么药，都说疼。我说："打在你俩身，疼在何老师心啊，我在学校就是你们的'妈'，你们俩在咱班都是我的孩子，我的孩子受到了伤害我心疼啊，但是我能怎么办呢，你们俩告诉我。"此刻他俩羞红了脸，小墨走到我跟前，拽着我的衣角说："何老师，本来我们是闹着玩的，后来闹着闹着打起来了。"小谦说："小莫你还疼不，是我对你先动手的，对不起。"他们俩自己把矛盾解开了，我没有大声呵斥，也没有审案子，只是给他们讲了我们是一家人。

第二步，课下多帮助，课上多鼓励

学习有困难的孩子是班主任最应该帮扶的对象，对于这样的孩子怎么帮助呢，我都是超前给予辅导。小祖是我们班一个学习困难的孩子，每个孩子都期待被老师喜欢与关注，小祖也不例外，我们班组织了演讲比赛，每个学生都有机会展示，上周三轮到小祖演讲了，我担心他讲不好。我就利用周六的时间，在电话的那头一句一句地教他，句子在哪个地方停顿，问号与感叹号的语气怎么读，我都会一句句地给他模仿。周三他演讲时，我在全班学生面前表扬了他准备充分，台风好，声音响亮。这件小事之后，他慢慢地知道做任何事之前要做超前准备和下功夫了，后来他慢慢成了优秀生，他也学着将我的方法教给其他学习有困难的孩子。

第三步，老师多下海，学生多上岸

班主任是班级的总设计师，一个班级的学习氛围需要班主任激活。如何激活？班主任可以依托一系列活动来打造有活力的班集体，这就需要班主任开动脑筋，因地制宜地开展活动，以活动为驱动，推动学生高品质的学习和生活。前一段时间，我发现班级卫生差，学生上课爱说话、小动作多，我就发动孩子们开展了学习小雷锋系列活动，通过课前三分钟学习"身边的小雷锋"演讲，让孩子们看到了优秀榜样的标准。其次，依托书写身边小雷锋事迹，激励孩子向善向前，成为彼此心目中的小雷锋。最后，举办班级小雷锋"庆典"，为每个学生给予物质和精神鼓励。通过系统的活动推进，打造出了有温度的学习场域，孩子们在这样正能量的氛围里学习，身心舒展又自在。

第四步，变成孩子，成为"孩子"王

孩子们的天性就是玩、自由，班主任要时不时地领着孩子玩，成为高级的玩家，孩子才会更贴近你。前一段时间，我在抖音上学习了一个用书变脸的段子，利用下课间隙，我就变成了"魔术师"，在孩子面前展示了一番我的变脸秘籍。他们把我围得水泄不通，都想学变脸，我就顺势教给他们。接下来的一周里，他们一下课就学变脸，还拉着我欣赏他们的绝技，一股变脸风在班级拉开了帷幕。后来，有几个孩子在变脸的基础上学习了几个魔术，每每这时我也会凑上前，让他们教我，他们教我时还顺带嘲笑我："何老师，都教你几遍了，还没学会！"这个时候我都会说："我也是小朋友，对我温柔点。"听到我这样说，他们都哈哈大笑起来。

　　教育学首先是人学，教育要关注学生的内心，关注他们的喜怒哀乐，做班主任就是过一种幸福而完整的教育生活。我认为，多关照人，少关照事，就是关注孩子的内心波动；课下多帮助，课上多鼓励，就是解决孩子们真实的需求；老师多下海，学生多上岸，就是为学生营造一个流动的情绪能量场；变成孩子，成为"孩子王"，就是与孩子一起同频共振，成为同一尺码的活泼人。

看见每一个，欣赏每一个

　　每一个儿童都渴望被赏识、被赞许、被接纳，他们每天活活泼泼地坐在教室与知识串联，最终形成自己的思维图谱。知识内化于心，中间有重要一环，这一环叫作我很开心，我很快乐。如果儿童不开心不快乐，那么他的大脑中枢处于闭合状态，无法输入。怎样让儿童保持情绪的恒温？我们需要给他们制造一个动力系统，动力系统的核心就是——我被看见。如何看见儿童的方方面面呢，我进行了以下尝试。

一、搭建平台，赋能每一个

　　进入三月，天气变暖，是做事的最佳时机。于儿童而言，春天给予人生机勃勃的能量，借助天时、寻找地利、营造人和，让儿童蓬勃发展。最近我与孩子们一起阅读了很多儿童读写的童书，我带领他们把输入转化为输出，写日记、创编童诗是他们每天要做的事。为了提高他们的兴趣，我扬言要把写得好的张贴到班级文化墙上，每个孩子都想展览自己的作品，都憋着劲地写。他们很卷，有的孩子看到其他同学写了诗，为了拔得头筹他们还进行了诗配画的创新，紧接着一股"诗配画"的童诗风出现了，这股风刮得好，又推动了他们学习的"攀比风"。

二、精准看见，推动每一个

　　最近我们班一直在排课本剧，为了遴选出优质"演员"，班级所有孩子组成对子，进行展示，全班投票选出了表现力最佳的演员，演员被看见，我又给孩子们"置办"了行头，从网上购买了课本剧服装，制作了课本剧表演课件，手写了报幕卡，给他们制造了"睡袍效应"。他们为了与各种行头匹配，台词的打磨、动作的收放，标准提高了一大截。

三、延迟满足，奖励每一个

上周我们进行了期中考试，我答应他们，学习进步的孩子有奖励，这个奖励我没有即时满足他们，而是又等了一周才进行兑现，我这样做的目的是，凡付出不会立刻有回报或者付出但没有回报，这个理他们懂，但是你要做给他们看，有体验感才会更加地敬畏劳动与付出，而不是什么都是"拿来"主义。这个延迟也在考察他们的耐心与韧劲。

四、逐个聊天，疗愈每一个

每个孩子的气质不同，有的活泼，他的悄悄话全世界都知道。但也不乏有一些内向封闭的孩子，这个时候老师需要用共情力打开他们的心门，悄悄打入他们内部，获得情绪报表，精准判断病灶，全面疗愈他们，让他们的情绪流动起来，通过聊天打通他们的思维堵塞点，给予恰当的帮助，后续持续跟踪帮扶。

我被看见，我很有价值，我很快乐，我能学习，因为我被赏识，我被接纳。

老师要看见每一个、欣赏每一个，每一个都是一个家庭的全世界，每一个都是我们的星辰大海，定位每一个，为未来教育做贡献。

青年班主任，怎样与家长沟通

我们身边有很多青年班主任，他们对工作兢兢业业、对学生热情似火，但是他们会频繁接到家长的"带刺"电话，这些电话基本都是因为班级小事，或者是不理解班主任的管理方法，有的甚至是不理解学校的办学理念，这些电话消耗了青年班主任很多精力，让他很苦恼，这种现象的产生，究其原因，是青年班主任缺乏与家长沟通的意识和能力造成的。

沟通的意识和能力从哪里来呢？我们首先从沟通开始，沟通是双向的，如果不是双向的就叫自说自话。班级管理中，班主任经常使用的沟通方式是班级微信群、班级 QQ 群、班级钉钉群，这些都是基本的沟通媒介。我们知道这些几乎是班主任用来发布班级管理信息和学生作业的，家长大多用"收到""是""好"来回复。这些文字是缺乏人际沟通温度的。建立良好的沟通机制，仅仅依赖于基本媒介是远远不够的，需要班主任开拓有温度的双向沟通通道，产生共识，才更有利于学生成长，但有哪些方法可以借鉴呢？

一、利用公共机会加强彼此认识

每学期开学初都有一次线上或线下家长会，班主任可以利用家长会从宏观到微观的层次来介绍学校、班级、班主任，首先向家长传递学校的办学理念，让彼此达成共识；其次，向家长展现这一学期的班级规划，解说策划意图，让家长知晓班级愿景，家长知道班主任会把孩子带到哪里去，如何带，这样家长对班级有了全面了解，以后班级的工作会更方便开展；第三，班级管理有哪些具体需要家长协助的地方，做好精准说明，让家长知道如何配合，切忌假大空；最后，可以利用击鼓传花的方式（适合线下家长会，如果是线上家长会可以按照学号挑选

10名家长），让其中10位家长介绍自己并且提出自己的育儿困惑，班主任当场予以解答，如果拿不准的可以委婉说明，会后再给予答复。

这样做，班主任在家长心目中的地位会更稳固，也更能加深彼此的了解。如果是新班主任新学期接新班，更要精心准备第一次家长会，利用"首因"效应，树立好形象，向家长传递自己的带班理念，加强彼此了解。比如，针对家长非常在意的班级排座位规则向家长说明，可以通过讲述自己的职业生涯史，让家长了解班主任的学生观、教育观、人生观。其次，积极发动家长多为班级献言献策，铺设民主交流的通道，班主任这样展现自己，家长对其有了基本认识，就为沟通的前提做好了打底工作。

二、打表扬电话激励"合伙人"

我们知道家长最在意自己的孩子有没有得到班主任的关注，我们就把事做到他们心窝里，可以每周给五位家长打表扬电话，表扬孩子在学校的良好表现，表扬要具体，可以说一件小事，这样家长会更信服更开心。根据以往经验，凡是接到表扬电话的家长他们都更认可老师的管理方法，其实最受益的还是学生，家长接到表扬电话之后会把这种表扬再传递给孩子，孩子就会更加保持好的学习状态，这样操作下来，班级的氛围就会很和谐。

三、依托班级家委会做到沟通前置

往往双方产生分歧的原因，是对方没有对事情提前知情，为了规避这些，班级开展活动时可以利用家委会的力量提前征求家长的意见，家长的意见班主任要学会正确解读，要读懂意见背后的需求，用优势思维看待家长的意见。比如，班级排座位方案，班主任可以发给家委会，征求家长的意见，最后形成本班民主的排座位制，班主任这样做其实为家长传递的是民主启蒙的理念。家长们会解读到，班主任做其他事对每个孩子也会公正公平。

四、利用家访走进真实家庭

班主任要有家访的行动，家访可以让我们走进孩子生活的真实家庭，知晓孩子家庭环境的全貌，更有利于我们了解孩子、家长，家访前班主任要做好功课，提前为孩子梳理各学科老师给予他们的建议，也可准备一两本育儿书籍送给家长，这是做好家校心理连接的"小心机"，礼轻情意重。

家访中，不要忘了在家长面前表扬孩子做得好的一面，其次要询问家长育儿的障碍，为家长提出具体方法，后续做好跟踪，这样班主任为家长做到了全面服务，班主任的做事风格会深深地在家长心里扎根，家长也会更认同班主任。

五、邀请家长参与班级活动

班主任的工作状态就像脚下踩了风火轮，事情一件接一件，我们的工作状态如果向别人诉说，固定化思维的评价很多，老师不就是教教书吗？现实不是这样的，我们邀请家长来到我们的工作现场，他们在活动中体验了班主任工作的忙碌，就会更倾向于理解班主任，他们只是体验了班主任工作的冰山一角，就会产生对班主任每周工作甚至每月工作的高强度计量，他们的体验心得也会告知孩子，让孩子对班主任有敬畏之心。

做到以上还不够，班主任还要有源头活水，建立持续学习机制，引领家长学习育儿知识，更新育儿观念，借助社区力量为家长普法（家庭教育促进法），让家长认识到家庭教育的重要性。只有双方在一个认知水平，协同育人的效果才会更快达成。

青年班主任们，让我们积极为家长铺就沟通路径，实现双向理解，为正确解读家长做足功课，为自己的职业生涯通向美好而努力。

考前四部曲

考试对每个人来说都是人生的重要组成部分，就如高考就是人生的拐角点。对于儿童来说，每次考试就是见证他们收获的参考标准。

先有好情绪再有好学习，这是符合脑科学的，如果儿童处于高压状态，那么他的大脑皮质层就会处于抑制状态，这样会阻碍学生的学习。为了方便赋能儿童，老师需要在考试前走进他们内心，让他们开心地复习，如何做，我做了几点摸索：

第一，寻找"情绪"替代品，释放过多能量

小孩子喜欢吃辣条、薯片，成人喜欢吃螺蛳粉、串串香，它们都是共通的，吃这些东西可以释放压力，我们把压力转嫁到"垃圾食品"上，这是一种替代压力的方式。可以偶尔试试这种方式，但不能经常用，毕竟辣条是"三无"产品。每次大型考试前，我都会购买几大包辣条，发给每个孩子，我们一起用舌尖上的诱惑甩掉了重重的压抑。我与孩子们悄悄在教室内吃辣条的氛围相当有"张力"，有的孩子直接站到桌子上吃，有的三五成群结对吃，有的边吃边探讨辣条的原汁原味，吃辣条只是释放压力的一个小小对话框，其实对孩子们来说，最解压的是可以用各种方式肆无忌惮地吃辣条。

第二，观照"心理"，照见他们的内心镜像

每个孩子在考试之前，心里都装着事，装着担心考不好的事，装着遇到不会的题犯难的事，这个时候老师要站出来，吆喝起来，告诉他们寻找自己的知识盲点，做好当下做的每一道题，写好当下每一个字，把担忧考试的事换成当下正在做的事，就不会再焦虑与不安。

第三，回顾错题，排除"知识"二次犯错

考前，领着学生看错题，是回顾知识易错点的最佳路径。错题即思路，错题即问题，循着错题，梳理每一章节未掌握的知识点，把这些知识点串成一条线，孩子们的知识也会串珠成链，链子有了，掉一个珠子通过回顾梳理也会很快找到。

第四，幽默寄语，营造轻松考前"氛围"

临考前的10分钟，我都会给每个孩子打鸡血，我经常说：祝大家考的题都会，蒙的题都对，试题与你我相识，温柔以对，不会的先空着，回头再看看或许就相见恨晚，原来我们早就认识，只是你不言我不语。每每这时教室就会响起一阵阵笑声，笑声可以疗愈紧张不安。笑过之后，孩子就好像长着一张"冠军脸"，淡定从容。

考试是对孩子一个阶段学习的检查，考试有好有坏，为了规避坏的考试结果，我们要树立考前建设思维，从学生情绪、心理、知识、氛围四方面干预，考试后的结果不会太差。

人生就是一场马拉松，每一次考前复习都是为儿童打造了四步（情绪、心理、知识、氛围）人生的进阶之路，孩子们会迁移运用到自己的人生大课中去，实现自己的价值。

"四心"打开家校沟通的康庄大道

今天在我们学习群里，一位老师抛出了一个家校矛盾的棘手问题请魏智渊老师解答，魏老师给出了一些智慧策略，我印象最深的一句话是："老师在工作中，可以无限投入，可以热情洋溢，但内心深处，一定要有非常深的边界感。"

这一句话，让我对家校工作有了一个拨开云雾见天日的豁然开朗之感。入职之初，我常常遇到这样的困惑，教师与家长的关系怎样相处才最和谐，最恰当。如有些家长主动为班级服务，是家委会的一员，他的孩子却在学习或者习惯上很不给力；有些家长不主动为班级服务，他的孩子在学习或习惯上却是标杆。如果这两类孩子之间产生矛盾，除了按照事实处理学生矛盾之外，说实在的，我心里是存在"私心"的，我的为人处世标准，驱使我会偏袒一些为班级服务的家长。我起初不知道，自己的这种判断是否正确，这种疑惑一直存在，直到今天看到了魏老师的这句话我想通了，我对工作无限投入，热情洋溢，但是内心深处，要与家长隔开一道深深的鸿沟，家长就是家长，老师就是老师，角色不同，承担的责任不同。

做了11年班主任，我慢慢懂得了一些处理家校之间问题的"话术"，也懂得了与家长之间要有一定的边界。每学期初，我会花费一天时间盘点这一学期与家长互动的活动。做到德育预设，规避可以确定的一些家校矛盾。教育学就是关系学，与家长搞好关系，有利于班级有效运转，防止在繁忙的工作中被家校矛盾裹挟着跛足难行。

感性来讲，撇开家长的身份，孩子的爸爸妈妈与我同龄，同龄人之间交流起来相对容易一些，每次送学生放学，三三两两的家长向我迎面走来，问孩子在家如何阅读、怎样练字、锻炼时间怎样安排。每天放学与他们交流就像唠家常一样解决了他们的困惑，聊天结束之前，他们也会说，何老师快回家陪你家娃娃们，路上慢点，这样的叮嘱。每次邀请他们参与班级活动，他们都不会空手，给学生买一些铅笔、橡皮、棒棒糖、小红旗。看到我和王老师（副班主任）为孩子忙前忙后，他们也会悄悄地拍下照片和视频，一股脑地发到家长群，群里的家长会纷纷点赞、拍拍我和王老师。活动结束，家长也会主动写下感受发班级群，一系列的举动折射出了我们的家长是一个个可爱的人。

后来，了解到他们为什么如此可爱，一封长长的感谢信道出了原因。"一年的相处，何老师都在用公平之心、真诚之心、平和之心、感恩之心对待孩子们和家长们，所以我们同样对何老师、王老师也怀有感恩之心。"

回望我与家长交流的点点滴滴，我把家校的关系比喻成一棵大树，用"四心"为大树着色。

一、公平之心是根，根深才能叶茂

孩子喜欢一位老师，首先他觉得这位老师公平公正，不会因为他们学习或者智力的好坏给他们分三六九等。家长亦然，老师用公平之心看待家长，家长可以从老师的言语中感受到。我经常对家长说的一句话就是，我看见每一个人，看见每一个孩子，看见每一位家长。从每个孩子身上看到闪光点，给他们搭台子。看见每位家长为班级做的贡献，每位家长做的每一件好事，我都会公之于众，让所有人知晓，向他学习。

二、真诚之心如阳光，普照万物生长

真是实在，诚是实心，对学生对家长真心实意，他们会把你当成同一战壕的战友，有什么心里话会主动向你倾诉，寻求你的帮助，在倾听与帮助之间就升华了家校之间的感情。在班级管理中，我给孩子们设置一个心里话信箱，他们有心里话都会给我说。有一次我收到学生小花的求助，何老师你能不能帮帮我，爸爸妈妈天天吵架，我特别恐惧。我主动给小花一个拥抱，孩子多日来的情绪奔涌而出，在我怀里哭得稀里哗啦。我借助书信的方式与小花爸爸、妈妈交流，邀请他们到学校聊天。

得知那段时间他们夫妻俩刚刚创业，心情焦虑，夫妻之间有时说着说着就大声吵起来。我用自身经营的"婚姻之道"，缓解了小花一家人的紧张情绪。小花爸爸、妈妈事业进入正轨时打趣说："多亏何老师'敲打'我们夫妻俩，要不小花现在不会那么优秀。"

三、平和之心似雨露，无声润泽大地

每当孩子出现问题时，我都会先控制自己的情绪，防止自己被情绪牵着走。接下来，我都会提出启发性的问题，问他们发生了什么事，你的感受是怎样，你打算怎样做，你需要老师怎样帮助你。差不多问完这几个问题，孩子们也就理清了自己的问题，我的情绪也就降温了。对于学生打架的问题，是我们班主任最棘手的事，遇到这样的问题，平和之心先行，根据孩子陈述的客观事实，我会不带任何评价地跟家长说清楚，如果家长一直在是非上纠结，我会理性地引导他们要有一个更高的站位，才更有利于孩子成长。不偏不倚，家长每每看我平和且认真的态度，都会深刻考虑，权衡利弊。

四、感恩之心像枝叶，始于树根，终于树根

每个人的成功都不是随随便便的，每个班级的有效运转亦是如此，背后需要家长、任课老师、学生团结一心，方可打造钢铁班级。每逢教师节，我都会发动孩子们制作手工贺卡、写信，送给科任老师。每逢父亲节、母亲节，我会给他们出主意，怎样让爸爸、妈妈开心。每当开家长会，我都会给为班级做贡献的家长佩戴红花、发奖状、写颁奖词。就是这些点滴的细节，让家长、老师、学生都感受到整个班级是有温度的，它就像我们的家一样，每个人的付出被看见、被感谢、被记住、被感恩。这种感恩的格调，无形当中也润泽着家校关系。

家长是家长，前提是他与我们之间连接着学生，我们就有义务影响他们怎么去经营家校关系，当我们用公平之心、真诚之心、平和之心、感恩之心对待他们的时候，我想我们之间的同盟关系又进了一步，如果我们持续影响他们，我想他们也会成为像我们一样拥有四心的人，那个时候家校之间的关系就达到了无声胜有声的境界。

当科任老师在学生面前没有威信，
班主任怎么办

前几天在一年级承包的班主任沙龙会议上，一年级的李老师提了一个很常见的问题！科任老师上课时总管不住班，并且课上一出事，就把学生带到班主任面前，作为班主任该怎么办？说实在的，我之前也遇到过这样的困惑和烦恼，后来我用了一些小"伎俩"减少了这种现象。

遇到这种烦恼的老班，首先恭喜你，证明你非常有威信，能管住孩子。没有对比就没有伤害，你能管住与科任老师的招架不住形成了鲜明的对比。这种对比，让你心慌，从而发出这样的感叹：为啥我能管住学生，而他却不能。这样的感叹同时也让你焦虑，焦虑他的焦虑，伤心他的伤心，然而科任课老师往往体会不到这种焦虑，都是无用功啊。

我们追问一下原因，产生这种现象的原因有哪些，我们先从身份角色入手。

第一，班主任是班级的大管家，班主任还是学科教师，多面手；科任老师只是学科老师（有的兼职副班主任），学科老师只负责自己的课堂，角色单一。角色就决定了义务与责任，角色决定了为班级投入时间的长短，在孩子们的意识里，可能觉得科任老师只管他们上课的40分钟，而班主任陪伴他们的时间长且会照顾他们的方方面面。俗话说，陪伴就是最长情的告白。孩子在与班主任的长期相处中建立了良好的关系，教育学就是关系学，所以他们相对比较听从班主任的，一个为班级投入时间较少的科任老师与一个关照孩子方方面面的班主任相比，孩子当然更加信任班主任、愿意服从班主任了。

第二，课堂管理能力的强弱直接影响科任老师的管班能力。刚上班的科任老师，对学生的成长规律不了解，没有更多管班经验的积淀，一开始管理课堂就会手足无措。依据首因效应的影响，孩子就会认为这位老师一开始都管不住班，那他的课也好不到哪去，科任老师从此在学生面前就丧失了威信。

第三，科任老师责任心的强弱与班级的纪律有很大关系。有的科任老师只为完成教学任务而完成教学，不在乎班级纪律的好与坏，对自己的课堂要求标准低，所以班级纪律很差，这与科任老师的专业素养有关。

第四，科任老师的课堂是否有趣。一个教学死板的老师，孩子不会买账，不仅导致课堂纪律失控，还牵扯到孩子对这个老师能力的怀疑。尊严来自实力，老师的尊严来自能上好课，一个课堂无趣的老师，与学生的关系能好到哪儿去！亲其师才能信其道。

第五，科任老师是否具备较强的反思意识。一个没有反思能力的老师也不具备成长能力，科任老师发现课堂乱、没秩序，如果没有向有经验的老师请教的意识，说明自我要求标准太低，对教育事业没有敬畏之心，没有把教育当成自己的事业。

我大致从以上五个维度来分析科任老师在学生面前没有威信的原因，我想还会有其他原因。当然，在我们身边有很多比班主任做得还要好的科任老师。我们这里只是分析那些在学生面前没有威信的科任老师。

大家根据自身实际进行梳理，作为班级大管家的班主任，如何在自己可控范围内帮助科任老师树立威信呢？依据我的下水实践，有以下拙见。

一、利用活动引擎，建立心与心的连接

我们学校每年都会举办六一儿童节、元旦联欢、读书分享、入队仪式（一二年级有）等活动。我们班级也会组织课前三分钟演讲、个人画展、图书漂流等活动。每次有这样的活动，我都会主动邀请科任老师参与，如果他们忙走不开，我也会大致陈述活动流程，听取他们的建议，进行改进。亲自到场的科任老师，我都会给他们点评发言的机会，这样就会抬高他们在学生心目中的地位，这是科任老师在学生面前威信的外显策略，班主任要用一用，很有效。

特别是我们班级的特色活动"夸夸我的科任老师"。每当活动开始前，我都会提前一周跟科任老师打招呼，鼓动他们当天要盛装出席，迎接学生给他们的一

波又一波的惊喜。活动开场时全班同学为科任老师齐唱《听我说谢谢你》，歌曲暖场，奠定了温情基调。接下来我和孩子们收集了科任老师与他们在一起的点点滴滴，制作成视频"最美的遇见"，当教室的屏幕上滚动起一桩桩老师为学生做的每一件小事，留下的每一个身影，喊的每一声加油，看到这往往科任老师都会情不自禁红了眼眶。最后，孩子们用文字表达对科任老师的夸奖，每一个孩子上台夸奖科任老师，孩子们经由一件件小事记录了科任老师的用心、细心，科任老师做的每一件事都被孩子看见、放大、感恩，这样的活动无形当中拉进了孩子与科任老师之间的距离。通过活动育人，建立起了科任老师与孩子之间的情感连接。

二、成绩的获得，主动转嫁给科任老师

当取得了好的考试成绩时，我会跟同学们说某科任老师水平高，素养深厚，与我一起同心协力把咱们班的成绩搞了上来。我临时有事时，都是某科任老师顶上来，主动承担班级管理工作的。所有成绩的取得，都有科任老师的功劳。科任老师一直在暗处为我们班付出，他们是默默无闻的人。同学们听到这，心里就会记下科任老师的好。

三、主动帮扶，带动科任老师

科任老师小文，前一段时间参与演讲比赛，我看她情绪不高，主动询问是否需要帮忙，她讲到了自己的难处，我就主动帮其排忧，她的演讲稿我修改了无数遍，后来我又托朋友帮忙，为她扫除障碍，我还给她推荐一本有关于演讲的书籍，我又利用自身优势指导她演讲的技巧，后来小文老师取得了好成绩，她对我很是感激，对我们班也格外好。

四、自己人效应，结为同盟

班级管理中遇到难题，我都会向科任老师请教，他们一个人一个点子，我们把这些好主意融合起来，就汇聚成一股强大的力量去改善班级。遇到行为有偏差的学生，我都会主动向科任老师说明，我们一起协力去疗愈差生，达成共识，目标一致，而不是只有班主任一人发力。

通过以上四点下水策略，可以减轻科任老师与班主任老师身份角色带来的威信差异。

如果科任老师的课堂管理能力、课堂的趣味性，以及反思能力不强，班主任也没有更好的方法。科任老师是我们的同事，我们是平等的关系，成年人只能去影响，不能去批评教育。但有一点建议，利用睡袍效应，也就是班主任把自己的课堂管理能力修炼好，然后把自己的好经验分享给科任老师，用不用是他的事，分享是我们的义务，班主任主动出击，一步步带动科任老师，形成与班主任为核心的睡袍，科任老师也会慢慢融入和改变。

连接科任老师与班主任之间最重要的桥梁是学生，在学生方面可以做哪些工作，让学生的课堂纪律做到前置呢？

一、规则先行

开学初，班主任通过班会与学生一起制定出班级课堂纪律制度，如果学生在课堂上违反纪律，会有不同梯度的惩罚。在课堂纪律上制定保底规则，用规则来约束学生，这样可以减少学生在课堂上胡作非为的行为。

二、选拔得力干部

班级管理最理想的状态是自我管理，在学生还在未形成自我管理意识之前，需要外力的推动，班干部的督促就是最好的外力。而班干部会做好榜样，带动班级向良性发展。

三、制定奖励机制

课堂纪律保持好的学生，可以通过自己的努力参与班级"纪律标兵"评选，以活动带动学生约束自己的不良行为，每学期评选两次，评委就是班级所有老师。这个活动就可以让学生意识到，只有所有课堂纪律好了，才可以得到此殊荣。

开学之初做足了学生纪律方面的功课，如果有个别学生出现不遵守课堂纪律、与任课老师发生不愉快的事，这个时候我就会采取"三步走"来解决。

第一，接纳科任老师的情绪，做他的坚实后盾。

主动找科任老师与他一起"吐槽"孩子的调皮，做科任老师情绪的"垃圾桶"，科任老师倒完苦水，心情应该好了一大半，这个时候我再询问客观事实，与科任老师一起想办法解决。

第二，个别教育，换位思考。

及时了解科任老师的课堂情况，针对故意捣乱课堂秩序的学生，就要给予他一定的惩罚，具体情况具体分析，针对课堂上出现纪律问题的学生，找他们单独聊天，询问捣乱的真实原因。科任老师大多教好几个班，他们的课时任务非常重。班主任应告诉学生要懂得换位思考，多站在科任老师的角度思考问题。

第三，召开班会课，达成共识。

针对班级出现课堂纪律问题，班主任要及时复盘反思，利用班会课，抛出具体纪律问题，引导学生头脑风暴，一起想办法解决，在全体学生形成的共识下，一起遵守班级课堂纪律。

班主任是世界上最小的主任，也是最忙的主任，一手管着学生班，一手管着家长班，两个肩膀还担负着与科任老师的良好人际关系，谁有困难，班主任都要操办，谁也不能得罪，谁还都要爱，这是一位班主任真实处境的心灵写照。

班主任心中始终要有一个信念，班主任是一个班级的总参谋、精神领袖、建设者、组织者，科任老师是为班级服务的，班主任要把姿态放低，以宽广的胸怀接纳科任老师的各种短板，在自己可控的范围内给予帮扶，但也要注意边界，不能够用行政思维去批评、指责科任老师，清楚自己的角色，主动承担自己的义务和责任，去影响科任老师、去唤醒学生、去带动家长，这是我们的重要使命。

为学生建立情绪流动的小房间

从教 10 年，做了 10 年班主任，最近几年，我遇到了很多"小公举""小王子"，他们遇事总是气呼呼的，不听大道理，怎么办？得想法子让他们听得进去我说话，还得让他们在学校过得幸福快乐，办法总比困难多，这些孩子情绪既然管控不好，我就想办法，让他们情绪稳定起来，于是从打造群体的情绪恒温着手，为他们搭建了快乐分享日——赶走负面因子，与他们建立心理连接。

每个月安排两次班级分享日，这一天孩子们各自在家准备好想分享的零食、小玩具等，他们分享时穿越每一个过道的身影都是那么鲜活，一蹦一跳，走路都带着高音节奏；他们分享时心里开出了一朵朵小花，把自己的心爱之物亲手递给全班同学时，心潮是澎湃的；分享"漂流"结束后，分享者会一一走向讲台为全班同学讲解分享小物件的起心动念，此刻分享者从外在行为到内在想法有了一个高通路的连接，分享的规定动作完成之后，他们感到了自己对于他人的价值感、存在感、胜任感，这种感觉如果一直持续下去，会让他们情绪高涨以及稳定起来，最重要的是与班里的每个同学都建立心理连接，这个连接就是都在同一时间、同一空间拥有了彼此喜欢的东西。

分享日打造了班级的情绪流动能力场，让有点抑郁的孩子被点燃激活，逐渐脱离不快乐的因子，也逐渐乐于分享起来。

教育学是人学，每个孩子又都是各异的。作为老师，除了要关注群体，也要想办法照顾到个体。对班级当中个别孩子的情绪暴动，我会模仿钟杰老师化解学生矛盾的方法处理。有一天，小豪和小夜因橡皮的事大打出手，我迅速赶到现场，云淡风轻地对他们说："你俩到我办公室来。"两个孩子来到办公室，四目相对，面目狰狞，我安抚他们坐下来（降低他们的身体重心，让他们慢慢平静下来），然后先后给我介绍事情经过，他们说时，我一直看着他们的眼睛（表示尊重），嘴里回应着"嗯、嗯"（这是我认真倾听的表现），介绍完之后，我没有各打五十大板，没有说俩人发生矛盾时一个巴掌拍不响，而是模仿钟老师与学生沟通的方法，说："你俩玩个游戏哈，握住各自的手，使劲握，再使劲握。"直到他们说："老师，我们握紧的极限就到这了。"

接着，我安排小华去掰他们的手，小华使足了劲去掰，没有掰开，我说你们把手打开，接下来让小豪把小夜的手向手背掰，很快小豪把小夜掰得直叫疼，我问："为什么你们俩握紧了小华不好掰，小夜握不紧就轻而易举被小豪掰开了？"两个孩子都说："老师我们知道了，大家的劲儿往一处使，就掰不开。"

我说："这是为什么？""团结。"他们回答，这俩孩子脸上的狰狞没有了。我又告诉他们什么叫打架："拳头挥得高，放得低，声音大，掐着腰，也就是雷声大雨点小，你们是亲同学在这大打出手，打得你死我活。"说到这，他们说："老师，我们不打了，再也不打了。"说着两个小男生牵着手离开了办公室，这就是用良好的沟通方式化解了孩子躁动的情绪，也解决了"惨案"。

控制学生情绪的小妙招还有很多，比如，因为一件高兴的事，班主任可以给孩子两分钟的时间为开心的事面对面地开怀大笑，面对面地给彼此竖起大拇指说一句"你真努力，真了不起"，教给孩子遇到问题时，做问题的解决者，而不是制造者。

交给他们处理问题懂得分解，一步一步解决问题，建立自己情绪的"小房间"，不开心的时候，也可以去一个角落给自己一个积极的暂停，或者是做深呼吸，什么都不想，只关注自己的呼吸，坏情绪都呼出去之后，再处理事情，教给他们每天像蜗牛一样一步一步往前爬，总有一天会遇到幸福永驻的方法，总有一天会遇到属于自己的快乐庆典，用快乐的情绪擦亮当下的每一天。

给孩子讲道理无效，咋办？
——学林忠玲老师用绘本说道理

面对问题学生，讲了无数道理，依然如故。这说明讲道理无效，怎么办？之前，我也没找到答案，这几天我却找到了答案——给孩子讲绘本，用绘本故事让孩子找到"自居"，反思自己的行为，逐步纠正。

这几天我一直沉浸在新网师小学语文理想课堂中，导师林忠玲讲课和其他老师不一样，每堂课开启都会以一本绘本导入，听完每本绘本故事我都会把自己放到故事中，跳进故事照见自己的生活。四天的课程，一共提供了八本经典绘本。

第一本《石头汤》，我们常常对学生说有关幸福的开放性定义，用了很多文质兼美的句子，现实是孩子对幸福没有更深的认识。如果我们为孩子讲述绘本《石头汤》的故事，我想会在孩子的神经回路里留下这样的脑图，幸福就如主人公和尚一般主动寻找，主动感召，做好当下，吸引村民拿来各种蔬菜，一起融入围坐在一起煮石头汤的幸福场景。

第二本《大黑狗》，面对困难时我们往往对孩子们说不要害怕，要放松。殊不知，孩子的内心依然忐忑。孩子太小，在他们的话语系统中不太理解如何处理害怕，那又怎样与害怕和解呢？他们期待看到与自己有同样经历的伙伴，他们是如何度过困难的。这个时候如果孩子们能看到《大黑狗》，他可能会说，只要我自己不害怕，困难就如"黑狗"一般，慢慢变小。

第三本《点》，这本绘本我认为主要是针对教师而言的，教师看到这个故事，会自动化地思考自己对待差生的态度，自主修正自己，朝向更高的职业认同感。

第四本《我的名字叫克里桑丝美美》，当孩子对他人的评价过于在意，甚至对自我产生怀疑的时候，作为父母或者老师应该如何引导？家长、老师、孩子看到这本绘本分别会有不一样的收获。孩子看到这本绘本就会理解爸爸妈妈以及老师对自己的认可与尊重。当被别人嘲笑时，最坚实的温暖来自爸爸妈妈、老师。另外于故事中孩子们还学到了遇到问题，要及时寻找家人、老师的帮助。作为家长与老师的我们看到这本绘本都会心照不宣地去爱孩子、接纳孩子。

第五本《南瓜汤》。有的孩子社交能力差，怎样为孩子提供一个学习社交的范本，就选《南瓜汤》。对于社交，不要给孩子讲大道理，让孩子在真实场景中与同伴产生摩擦，进而习得自己的独特社交方式。

第六本《迟到大王》。在孩子的世界里，只要自己被信任，他才会用同样的方式对待他人，如果老师不信任学生，同样孩子也不会信任老师。读完这本绘本老师都可以在本书中找到自己的影子，要无限信任孩子。

第七本《大脚丫跳芭蕾》。每个人都是独特的个体，当自己的独特在别人那里是"笑话"之时，保持心境平和，保持热爱，过好当下，积蓄力量，终有一日会遇到自己的庆典。当孩子对自己的独特产生怀疑时，请阅读它。

第八本《把壳丢掉的乌龟》。有时保护我们的铠甲自己都分不清重要不重要，因为分不清，所以不珍惜，会随意丢掉，当失去的时候，心中才会产生惋惜后悔，所以要珍惜自己拥有的，当我们对它尊重时，就会打通认知的遮蔽性、封闭性。

当然，每个人对绘本的解读不一样，因为我们的生活背景和关键遭遇不一样。每个人都可以在绘本中照见真实的自己，在窥探自己内心编织的线条时，可以很快捋清应对事情的方式。

绘本是一个无声的"陪伴者""提醒者""激励者""讲述者"等，当我们对孩子讲道理无效时，可以借鉴林老师拿绘本故事做自己的"随身军师"的方法，提醒自己随时调整姿势，提高认知，实现高效工作。

德育预设是班主任的"随身军师"

本周三，我们8+1全国案例项目组进行了研修，研修的主题是"化干戈为玉帛"，内容呈现的是一位父亲听孩子说在学校被多次欺负，心里恼火，夜里12点多给班主任发了很多条信息。

班主任一早醒来看到信息给予了回复，并与家长通话，提出了自己的处理建议。这件事班主任通过与双方孩子证实，不存在孩子说的被欺凌这件事，而是孩子与朋友交往时不知道如何沟通造成的误解。最后，这件事化干戈为玉帛。

研讨时，有很多老师都赞成案例中班主任用到的一个理论：先处理情绪，再处理事情。当家长12点多给班主任发信息时，家长从孩子的说辞中判断孩子被欺负，此刻家长的心情是烦躁的、失去理智的，他的动物脑在运转。班主任打过去电话，用共情的方法，安慰了这位父亲，提出了这位父亲信任自己才把这件事交给自己处理，也表扬了这位父亲没有在群里当众质疑班主任的管理，一切都与家长站在统一水平线上。对于突发的、我们未知的事情，我非常赞同这位老班的做法。

班主任在调查此事时，与学生的交流中用到了黄金八问。

1.问孩子发生什么事情？（如何发生的）2.现在的感受如何？（让孩子说当时发生这事的感受，让孩子的情绪得到流动）3.你打算以后怎么做来避免类似的事情发生？ 4.还有没有更好的办法？（3和4引导孩子自己想解决办法，事情是孩子自己的，不是父母的、我们的）5.那你决定怎么做？ 6.你知道选择这个办法的结果会怎样？（我们引导孩子思考每个选择的结果）7.你需要爸爸妈妈怎么帮助你？ 8.你对这次解决办法满意吗？

通过上述黄金八问，让孩子解开了因朋友的一个玩笑而产生的误解。黄金八问不仅仅用在与学生沟通上，只要与人沟通，我认为都可以用黄金八问，其实它与马歇尔卢森堡的《非暴力沟通》的四步很像：1. 不带任何评论的评价；2. 陈述个人感受；3. 说出自己的希望；4. 提出合理请求。

说到底这 12 点多发来的信息是父母没有与孩子进行双向沟通造成的误解，也牵连出这个孩子与同学的沟通存在障碍，他没有厘清开玩笑与"打"有什么区别和联系，所以造成了别人认为是开玩笑，他认为是欺负。

问题的根就在于沟通，有父母与孩子的沟通、孩子与同学的沟通。作为懂得沟通的老班，在父母与孩子的沟通以及学生与学生的沟通上应如何作为呢？

回归到现实的班级管理中，说实在的我上班的前几年遇到过家长给我打电话"兴师问罪"的事，遇到过很多次，但后来，我几乎没有遇见过，我做了什么工作让家长不再半夜叨扰我呢？

在班级管理中，我把每一次遇到的问题，都当成了学习的机会，遇到问题，我都在思考，我是否可以把工作做到前面就可以规避这些棘手且不确定的事。

只要有思考，我就敢于实施，我每接手一个班都会跟家长开两场家长会，一场是学校规定的线下的，一场是我自主召开的线上的。

线下的我都会跟家长讲清楚群规以及与班主任、任课老师打电话的时间，还会根据我十多年的教学经验，告诉家长在面对孩子的问题时注意用好一个理论：做对讲教育，做错讲感情。

线上我会跟家长开一场关于沟通策略上的家长会，手把手地教家长如何与我以及任课老师沟通，不让家长有猜老师、猜班主任的心理，打消他们与老师交流的恐惧心理，我也会教他们如何与孩子沟通，切忌只听孩子的"一面之词"，借助《非暴力沟通》的四步与孩子探讨事情。沟通时不要批判，要温和而坚定。

前期我把想到的遇到的事情，固化成经验，通过两场家长会与大家分享，规避了后期很多问题。我把我提前想到的做到的这些，叫作德育预设，我之前傻傻地叫它问题前置。

我觉得班主任如果有德育预设意识，可以把很多问题在萌芽中扫除，也还自己一个轻松的管班之旅。

德育预设不是预设了就没有问题，而是我们可以减少很多问题发生，随着班主任阅历的丰富，德育预设的内容会逐年完善，随之而来的，班主任管班会越来越顺利。

"杏小小班级日报"诞生记

苗旭峰老师说，假如你有三分才气，你敢亮出来，你就有了五分才气。敢于亮相，就是一种成长的姿态，与孩子们的相处中，我就想各种办法让他们亮出自己，增长自己的才气。

支教已过去了四个月，这四个月，我与娃娃们开创了很多美好的日子，我们一起发明了女生节（穿裙子）、男生节（穿篮球套装），一起创作儿童诗，一起阅读《爱书的孩子》《小猪稀里呼噜》等，每天坚持写日记，42个娃娃我都给他们绘制了自画像（这些故事我要出书，所以没有展示在微信公众号与美篇上），他们在我的眼里都是一朵朵有灵气的花儿，我守护着这片花海，做一个忠实的护花人。

花儿需要阳光雨露、风吹日晒，才可茁壮成长。阳光雨露犹如涓涓细流，潜入学生内心，班级出卷达人、班级优秀作者、班级小雷锋就是阳光雨露的代言。

孩子们经由出卷达人找到了学习的价值感，班级优秀作者则是写儿童诗的一个个本尊，发现彼此的美好在班级小雷锋活动中展现得淋漓尽致。

每天中午，我与孩子的规定活动就是写日记，日记写了一天又一天，孩子们的进步看得见。开始大家都写一两行，现在有十几个娃娃可以写300多字，还有很多娃娃自己都在创作诗集了。兴趣被点燃了，接下来，就差持续精进了。

在我的支教规划里，6月份要给娃娃们开办班级日报，经过前期四个多月的阅读与不间断地写，娃娃们的文字渐渐灵动起来，这个时候班级日报就是背后推动他们写作的支点，有了支点，经年累月，会撬动整个生命。

我收集了学生每天中午写的日记，从42份文字里找寻了几篇有点样子的文章，对着手机录音筒，录下来。接下来，我打开WPS，搜索好看的报纸模板，找了一个清新的背景，模板定下来之后，思考班级日报的主题，怎么样能凸显孩子的地位就怎么命名，我用了一个朴素简单的名字"杏小小班级日报"，杏小小就是杏小的学子，二（2）班当然被囊括其中。主编就是二（2）班所有娃娃，何老师只做搬运工、美化工。按照模板布局，把事前录制的文字粘贴上去，字号做了稍许调整，看着顺眼就可以了。

班级日报制作完工后，我第一时间发到班级群，吸引家长查看有没有自己的娃，我紧跟着发了一条信息：看看谁家的娃今天中"彩票"了，文章上榜了，没上榜的赶紧看书，积累干货，期待早日上榜，家长在家做好读书的监督哦（我从不布置语文作业，只布置每天阅读30分钟的任务，孩子在家的阅读需要父母协助）。

班级日报，每日一报，说着很容易，每天都要做却很难，天下大事必做于细，天下难事必做于易。老祖宗就给我们说清这理了，坚持办班级日报，能成为孩子写作之路上的重要桥梁。

03

第三部分

班里的每个孩子都是宝藏

孩子，你今天的模样真帅

"叮咚！"夜里 12 点，手机 QQ 里收到一条消息："何老师，等咱郑州疫情结束了，我想请您吃饭。""不用，何老师请你，是不是在高中遇到难事，那么晚给我发信息？""何老师我只是单纯地想您，想感谢您。"看完消息，我心里一直惦记着孩子是否有事，就给孩子妈妈发了一条信息："孩子最近是不是又遇到过不去的坎了？""孩子自从小学毕业之后改变很大，他一直想着是何老师帮了他，今天收到了体校的通知书，想当面感谢您。"孩子妈妈回复。

我看到回复才安心地睡下。

回想起四年前我与这个孩子的相识、相遇。

他高高的个头，玲珑有神的眼睛，两个肉乎乎的小手，最有趣、最别致的是他的 10 个参差不齐的手指甲，这孩子习惯于咬指甲，每当上课我看到他咬指甲，都用眼神示意他，他每次都是羞答答地低下了头，他知道，我没让他尴尬，下课还总爱凑到我跟前，问我这，问我那。

起初和他相识可不是这般架势，他瞪大了眼，攥着两个拳头，上下嘴唇咬合着噘起，眉头一皱，总想和我单挑。刚教他时总是这般模样，对谁都一样，起初不了解他，我以为是他对我陌生才会这样，慢慢我发现他极缺乏安全感，因为父母做生意工作忙，没时间照顾他，都是爷爷奶奶带，是隔代教育留下的后遗症，面对他我该怎么做？

他时时用硬壳把自己包裹起来，与其他同学隔离开来，我该如何是好！通过课间观察，我发现他总是自己默默地在那玩，时而自己摆弄文具，时而拿起笔在课桌上作画，我猜想孩子的内心是孤独的，他也想和别的孩子一起玩耍，可是，他总抹不开面子主动去和别人说话。那我就助他一臂之力，我知道我们班的刘翔、杨佳凯、王世豪特别热心肠，我索性告诉他们几个，让他们几个和他做朋友。这几个孩子鬼点子多，一到下课就围在他身边，絮絮叨叨地说着他的大作（他爱画画，画得不错），起初，我发现他脸总是绷着，但总归没有摆出他一贯不屑的架势，我觉得是一个美好的开始。渐渐地，我观察到他不再呆呆地坐在自己的座位上"打坐"，而是挪开了步子去和其他孩子聊天，上课时也不会怒气冲天地和老师对视了。对他来说，他小小的贝壳慢慢卸掉了，没有了束缚，他的眼睛也泛起了光。身边的同学也都很给力，发现他一天天的变化，每次班会我都会让孩子们总结哪些同学进步了懂事了，他每次都榜上有名，他的名字已在其他同学心中有了口碑，当然这孩子的名字在我心里也有了分量。他的心敞亮了，世界也敞开了怀抱簇拥着他。我发现他嗓门大，就让他担任纪律委员，"一、二、三、四……"这个口号，是从他心里发出来的，这是自信的声音、是质朴的声音，虽节奏感不太强，但引领着六（3）班跑出了一片天。

在这个校园里，在这个班级里，在他和我之间，他找到了自己的价值，每天都过得有意义。

教了他四年，我和他经历了无数"枪林弹药"，现在已成了"浴火重生"的好战友，他给我留下了很多美好的瞬间：放学时，主动拿班牌送路队；课间间隙，主动抱作业、给我接热水；语文课上，三步并作两步跨到讲台擦黑板。印象最深的是，有一天午后放学，送完路队，下起了淅淅沥沥的小雨，我本能地用手遮挡着头，急急忙忙地往学校赶，不知从什么时候起，他已悄悄地拿着他的雨伞为我遮雨，我抬起头，愣住了神。那一刻我看到的是一个清秀俊朗、眼里泛着光、心中充满着爱的少年，他本能地把伞的另一边撑得很高，孩子怕我淋着的心思我明白，他把我送到校门口，跟我道别，我还傻乎乎地愣在一旁，想着这个孩子从什么时候起，竟变得这样讨人喜欢，想着想着我不由自主地自己傻笑起来，哼着歌，奔向学校餐厅，那一天我从头到脚都是快乐的。

今晚收到他给我发的消息，我知道他已走向了成长的赛车道，这条赛道上也许他还会遇到不开心，大家与他一起走过的小学生活，在他小小的心灵里留下了痕迹，痕迹里有老师与他的心理连接，有同学们对他的鼓励，有他慢慢的改变。这些都为他以后独自面对生活注入了能量，我想说，孩子你今天的模样真帅。

学校的小绵羊为何是家里的大灰狼

上周二早上6点30分，我正在教室读书（我一直有早读习惯），手机忽然响了，一看是羊羊妈妈打来的电话，接电话之前，我以为是因孩子起床晚了不能到校跟我请假，可接通电话后，那头的羊羊妈妈话语中反射着焦虑不安，她说："何老师不好了！羊羊因为他弟弟把他准备在跳蚤市场上拍卖的玩具模型摔碎了而大发雷霆，还说要打死他小弟弟，口口声声地说不去上学了。""羊羊在学校向来都很听话。"我说道。"何老师可不是啊！孩子在家特别厉害，生气了砸东西还打人（打弟弟），和学校表现恰恰相反啊。"羊羊妈说。

可以想象，羊羊在学校是一个乖巧的小绵羊，在家却是一个蛮不讲理的大灰狼，这其中肯定有原因。当时我的第一反应就是让羊羊接我的电话，谁料他连我的电话也不接，我想这个玩具模型肯定对羊羊来说非常重要，所以他才会有这样的举动。我对羊羊妈妈说："你先想办法劝他来上学，接下来让我和羊羊聊聊。"羊羊妈妈使出了洪荒之力才把羊羊哄到学校来，说实话下午羊羊来到教室，第一时间我没有找他，我原本想冷处理，可是等到跳蚤市场结束了，我发现羊羊依然低着头，耷拉着脸，我猜想他一定觉得班主任会找他，并且批评他。或是他还对那个玩具模型念念不忘，跳蚤市场结束了以后，我看着孩子们非常累，这个大课间就让他们自主安排，我询问同学们有什么收获啊，和同桌聊聊，孩子们开始七嘴八舌地说起来了，趁着这一会儿的嘈杂（羊羊是个敏感的孩子，我的目的是让羊羊不觉得紧张），我就把羊羊叫到跟前，我还没问他，他就沉不住气地道："老师，对不起，我不应该不接您的电话。""老师不怪你，换了我也会跟你做的一样的，你在老师心目当中一直是一个听话、帅气，但还有点马虎的小帅哥哦，老师有一个问题不太明白，为什么你在家和在学校的表现不一样呢，是不是妈妈要求很严格？"就是这句话一下子打开了他的"发泄欲"："我有几点对妈妈不满意，第一，妈妈不让我自己洗澡。第二，我做错一道题妈妈总是唠叨个没完没了。第三，妈妈总是背着我给爸爸打电话，从不让我听，也不让我给爸爸打电话。"

此时我才意识到问题的严重性，这不仅仅就是一个因摔东西而令孩子伤心的事，这是一个长期生活在家庭压力下的孩子，摔坏东西这件事只是一个情绪爆发的导火索。针对这些问题，说实话，作为班主任的我没有很专业的处理方法，我想起来前段时间在《中国教育》上看到的一篇文章，我觉得里面的方法不错，就按照思路给羊羊——分析，我说："首先妈妈不让你自己洗澡是怕你洗不干净，她的出发点是好的，当然妈妈总不让你自己洗，说明妈妈不太相信你，你应该通过做一些事情取得妈妈的信任，妈妈才会放手。其次，因为你做错一道题妈妈就要唠叨半天，是不是渐渐就会引起你生理、心理上的强烈反感？"孩子连连点头。我继续说："何老师看到一本书上这样说的，如果唠叨的刺激过多、过强和作用时间过久而引起心理极不耐烦而反抗的现象，在心理上叫作'超限效应'。羊羊你现在就处于这种'超限效应'当中啊，何老师很同情你，何老师也是从爸妈的这种唠叨中过来的，老师会告知你妈妈怎么做。针对第三个问题，何老师也觉得妈妈做得不妥当，她应该告诉你家里的事情，这样才不会引起你的好奇心。"我没有给羊羊做过多的解释（因为我不知道孩子的爸妈之间发生了什么），我想着放了学和羊羊妈好好谈谈，这些问题我觉得必须拿出具体方法来，羊羊妈妈才会在教育羊羊的事上少走弯路。

离放学还有半个多小时，我必须想好怎样跟羊羊妈说才行啊，我又想起了上周看的报纸，报纸上有答案啊，不过说得太笼统、太理论了，我想出了一个简单方法，向我的学生要答案。

"下面何老师做个采访，不喜欢爸妈唠叨的同学举手。哇，百分之百的同学不喜欢，为什么不喜欢唠叨，都说说原因。"

小翔说："妈妈总是唠叨，一件事可以唠叨一百次，烦死了。像我只是一次没考好，她就可以一直说，说到全世界都知道我考得不好，即使下次我考好了，她还要说。我都烦死她了。但是我顶嘴她就会说得更起劲，我就不说，也不理她。"

田果说："我看书入迷时妈妈突然喊，让我写作业，我向妈妈保证十分钟后就做作业的，可妈妈不到三分钟就又来催我，还不停地数落。有时候真想自己有一种魔法，把妈妈变成小孩，把我变成大人，让妈妈也尝尝唠叨的滋味，也知道知道我的心情。"

张硕说："妈妈有时候唠叨，也不分青红皂白，还冤枉我，我趁妈妈不在时就找没有生命的东西砸——发泄。"

艺潼说："我的妈妈真没劲，昨天早上，我刚要起来，妈妈不停地喊我，一遍就行了，可是一遍又一遍地喊，多让人心烦呀！她越叫我起床，我就偏不起来。其实我本来就要起来了，如果妈妈不那么爱唠叨，或许我就不会有那么多问题了。"

我把孩子们说的这些都记在了本子上，做了总结，有更充分的理由让羊羊妈妈相信，接着我又给羊羊妈妈分析了一下父母爱唠叨的很多原因，最常见的原因有三个：

其一，不相信羊羊。对羊羊总是不放心，也不知道怎样才能有效地教导羊羊，不自觉地一次次重复，错误地认为，一次不听，就说两次，两次不听，就说三次，只要自己多说几次，他总会听进去吧。

其二，太过急于求成。总期望自己说到哪儿羊羊就做到哪儿，马上见效。忽略了孩子是一个有主体意识的人，别人的话要通过孩子的消化才起作用，再者，人的进步和改变需要一个过程，父母没有给孩子时间，中间又来催促反而破坏了孩子改变的进程。

其三，不懂得俯下身子来倾听孩子的需求。羊羊已经快十岁了，对事物逐渐有了自己的看法和独立思考的能力，而父母的观念、习惯与孩子有很大的差异，父母不懂得耐心一点听取孩子的意见，一味地灌输、强化自己的观点和要求，结果导致"说了没效果，没效果还要说"的恶性循环。

说着说着，羊羊妈妈已意识到自己的错误。"我到底要怎样才能不用唠叨就能达到更好的教育效果呢？"羊羊妈妈说。当时我送给了羊羊妈妈几句话，首先要相信孩子，相信羊羊能自己洗澡，倾听羊羊的想法，适时适度地引导孩子，响鼓无须重锤。其次尊重孩子，很多我们设定的人生路线，其实并不是非如此不可。对于必须做的事情，孩子有权利决定怎么做，以及什么时候做。孩子没有必要处处随我心意，如果他们用自己的方式对待生活，我们应该觉得欣慰而不是失落。第三适时放手，该羊羊承担的，我们尽量不要参与，孩子做不好会受到相应的"惩罚"（比如赖床导致迟到），孩子会因此教给自己的行为。每个人都需要自己长大，需要懂得为自己的行为负责。孩子很难懂得自己不曾经历的事情，如果我们提醒无效，不妨放手，孩子会"吃一堑长一智"。第四就事论事，既往不咎的同时，也不要根据孩子的现状妄加断言孩子的将来，孩子是不断变化的，每天都不一样。我们最好的做法，就是直接面对当下的问题，就事论事，用尽可能简明的话语来表达，孩子忘记了什么事，我们就提醒他；孩子做错了什么事，我们就告诉他错在何处，如果孩子自己明白了，我们就不用再说；孩子有什么需要改变的，我们就明确指出问题所在并提出我们的期望，同时尊重孩子改变的过程。最后要做到抓大放小，说得越多，孩子听从我们的机会就越小，我们的威信也就越低。科学的方式是可说可不说的就不说；同时有好几件事要说的，就拣一件最重要的说，其他的事情等这件事了结后再说；复杂的事情要分步骤说，先从孩子最容易做到的步骤说，完成这一步再说下一步。

这次我和羊羊妈足足谈了两个多小时，我们谈得很融洽。"何老师您真专业。"羊羊妈说。我呵呵一笑，这都是在咱班孩子身上总结出来的，那次谈话之后，羊羊妈不间断地给我反馈："何老师，你给我说的我都做到了，我也发现孩子不再那么暴力了，可是新的问题又产生了，孩子想经常给爸爸打电话，可是我不想这样。"与羊羊妈的深入沟通后才知道他们已离婚三年了，她继续说，"这件事不想跟孩子说，担心给他们带来伤害，我也不愿意孩子与爸爸有任何联系，所以每次孩子想要和他爸爸打电话，我就用爸爸很忙做托词。现在羊羊时常想给爸爸打电话，我每次这样说，孩子已经不相信了。"说实在的，当时的我还没有孩子，真的不知道怎么给羊羊妈支招。"我觉得离婚这件事，应该让孩子知道，找个合适的机会给孩子说吧。"另外，我告诉羊羊妈她的负面情绪得找一个可以发泄的出口，不要再传递给孩子。"因为平时你的暴躁已传递给了孩子，所以羊羊在你那里学会了处理情绪的单一模式（用暴力解决）。"之后，羊羊妈经常与我聊天，但是她说的很多我没有具体方法来应对，我只好做一个倾听者。

后来在与羊羊的接触中，我告诉他，有坏情绪就到老师办公室，找我说说，别憋着，羊羊也会去办公室找我，不过不是发泄坏情绪，而是经常把他画的各种枪的漫画放到我的办公桌，我发现他画得有板有眼，就在班里给他搭建台子，让他展示自己。后来，有很多孩子模仿他画画，他会主动教给大家，也会和好朋友组成团队开发自己的枪支绘画。

毕业后，羊羊来学校看了我一次，还给我带了小礼物，偶尔会在 QQ 上给我留言，现在我不知道孩子的暴力倾向是否还有，但是我知道他学会了用绘画排解坏情绪。

小旭把我"带偏"了

今天放学，我在班级门口组织站队，小霞火急火燎地跑到我跟前说："何老师，小旭说，要和你结婚！"啊，我又惊又喜。

听到"结婚"二字，我没敢大声张扬，我下意识地走在队伍的最后面，拍拍小旭，凑到小旭耳边小声问："你是不是很喜欢何老师？"他笑开了花，连声说："何老师你怎么知道？"又连带一句，"咱们班所有同学都喜欢你，都想跟你结婚！"我瞬间笑啦，原来孩子喜欢哪位老师就想与这位老师结婚啊，"结婚"是他们表达喜欢老师的一种方式，这下我全明白啦。

我又凑到小旭身边说："你们都没法和我结婚啦，我七年前都结了！"小旭瞪大了眼睛说："何老师你怎么能结婚，咱们同学特别喜欢你，你领我们玩，带我们做操，给我们买礼物，还给我们写诗。"我用耳朵的印象、眼睛的印象推断，孩子们很喜欢我。

二年级的孩子，大多八九岁，他们表达喜欢的方式不一般，谁好就想和谁结婚。对于喜欢，没有其他表达方式。

我小声对小旭说，何老师非常喜欢你，你懂礼貌，写字干净，说话幽默，还乐于助人，何老师喜欢你就大声跟你说出来，这是表达喜欢的一种方式，你还记不记得，有一次你考试进步很大，何老师在全班面前表扬你，表扬也是一种表达喜欢的方式，以后少用"结婚"来表达对老师的喜欢，这样会"吓"到老师的。

话音还未落地，小旭说何老师今天你讲的《蜘蛛开店》很有意思，我们都喜欢你的语文课，我给他竖起了大拇指。

小旭是我在乡下支教的学生，长相白净，字写得堪称一绝，就是一开口都是洒脱的大白话，带着一点戾气，与同学玩时常常因为词不达意，会和小伙伴闹误会，课下与他交流，打听到他从小是奶奶一手带大的，小旭的奶奶大字不识一个，有事跟小旭说都会扯大了嗓门，小旭说他说话的样子和奶奶一模一样，我问他喜欢这种说话方式吗，他习惯性地摇摇头。我和他约定，可以与他一起改正"词不达意"的说话方式，他开心地站在了桌子上，像一只猴子。

"想和我结婚！"是我与小旭约定后听到的最不戾气的话，虽然有点"霸气"，但没有了"匪气"，挺好的，可是较真的我因为引导他说话，有时候我也会不由自主地说出"匪气"的话，我说下课都不要给我"乱飞""乱蹦"哦。

我的新祖娃

这周是学习雷锋叔叔精神的第一周，结合娃们各种学习与卫生习惯的实际起点，我为娃们策划了一系列学习雷锋好榜样的活动，以活动带动学生的习惯培养。

经过一周的观察，我发现原本调皮的孩子在学习雷锋活动的推动下，约束自己不仅没有和学生打架，反而成了做好事最多的孩子。这里我用一个娃的变化来诠释班级整体变化的走向。

来到杏花园二（2）班，我认识了一个长相白净、身材强壮，与老师、同学说话时总是噘着嘴，带有一身不服气的新祖娃。开始的时候，我发现他上课爱吃东西，每当此时我就提醒他，但是每次提醒他都是不服气不耐烦的样子，与他说话总是很拧巴，因为他不愿与我过多交流。这样的孩子我见过不少，我总是很好奇，原本可爱的年纪为啥总是有成年人的"戾气"。对新祖娃我做了大量观察，围绕他我发现了第一个现象，每次写语文作业他总是很慢很慢，我没有因为慢去大声呵斥他，我慢慢靠近他，发现了一个秘密，他拿笔姿势不对，造成了他写字慢并且焦虑。我手把手地教给他正确的拿笔姿势，他边学习拿笔我边告诉他："何老师对你有偏见，认为你写作业慢，是因为贪玩。现在看到你错误的拿笔姿势，造成虎口这有一个大大的老茧，何老师很是心疼，不是你不做，而是你根本没能力赶上大家。"娃听我这样说，他的眼光柔和了很多，他在逐步摆脱错误的执笔姿势的同时，也慢慢地抬头认真听我讲课。不过我发现，虽然他与我的关系缓和了，但与同学的关系还是很紧张，身材魁梧的他在学习上找不到存在感，他就在与人交往上占上风以找到自己的价值感，这个上风是他总是动手拍同学一下、打同学一下，同学也不敢还手。面对这样的问题，我完全可以对他严厉打击一番，警告他不能欺负同学。

我在思考这样做是否杜绝了后患，他今后是否还会打同学。如果我一味地打压也许能管一阵，但这阵过去他会把老师对他的"以暴制暴"用在同学身上，会变本加厉。一个孩子，要祛除他的"戾气"，是不是可以在他价值观还未建立起来前给予他向美向善的行为驱动，用活动机制来约束他自己，而不是用管控思维来降伏他。

从新祖本人，我又考虑到班级的整体氛围，娃们爱斤斤计较，爱跟我告状，告状大抵都是谁谁说我，谁谁骂我，都是一些不利于他人的行为，由新祖娃个人我想到了班集体。既然个人的行为要塑造，集体的氛围想转变，我就想到了用学习雷锋好榜样的活动机制来带动个体与集体。

这一周我让每个娃记录了自己心目中的小雷锋，当我把娃们的记录收上来汇总的时候，我发现新祖娃在同学们笔下做了20件好事，每一件都有具体的描述。我在思考，这样的活动内在驱动着他的转变，他急切地想与同学和平相处，于是通过学雷锋活动改变了一身"戾气"，这几天他在班级的行为有了一个"质"的变化。身边的同学对他的评价很高，这是新祖的变化。

集体的变化也是显而易见的，每每下课孩子们会相互提醒将凳子放到桌子下，主动捡垃圾，主动帮身边同学做好事，他们都想成为同学心中的小雷锋，整个班级的能量是正向的。

经过一周的坚持，娃们急切地等待着我给他们评选出班级雷锋叔叔的代言人，班里有42个娃，这42个娃都成了彼此的小雷锋，都是班级雷锋叔叔的代言人，只不过有做的好事多与少之分。

我利用一节课的时间给娃们召开了"雷锋叔叔代言人启动仪式"，仪式上我宣布了班级所有同学都成了雷锋叔叔的代言人，进而依托娃们的记录为孩子们解读了各自做的好事详情，每一个好的行为都被看见，都被同学记录，他们都找到了存在感、价值感以及成就感。

最后我激励娃们做好事不必局限于班级，要把范围扩大起来，期待下周雷锋叔叔代言人评选时，他们能成为爸爸妈妈的小雷锋，能成为其他班级的小雷锋，孩子们大声回答着"我可以"，我觉得这个活动是成功的。

一场意外，引起的班级情

今天上午放学之后，和往常一样，王老师送回家吃饭的学生队伍离校，我送就餐的孩子去吃饭。我们穿过操场，走在通往餐厅二楼的楼梯上。

我走在队伍的后方，天钰走在我前面，扑通一声，他说："何老师我摔倒了！"我和周围的孩子第一反应就是上前扶起天钰，我一把抱住孩子，告诉他："没事，有老师在，同学在，不要害怕。"

娃说："何老师，我没事，你别担心，就是嘴很疼。"我安慰过天钰，招呼其他孩子赶紧上楼吃饭，这时我们的晨添娃、嘉轩娃、祥睿娃迟迟不走，一直安慰天钰："没事吧，别害怕。"我硬生生命令他们去吃饭，剩下的由何老师解决，这时思纯恰巧上楼，立马和我一起扶着天钰，我们分别给天钰妈妈和校医打电话。做了简单处理，我们又把孩子送往中医院，这个时候天钰爸妈已在我们前面给娃挂了号，一切按医生的安排，给嘴唇缝了针、牙拍了片，拿了一些止疼药，大概1点30分，娃的治疗结束，我和思纯悬着的心才放到肚子里，我想当时天钰爸妈心疼极了，我也是父母，能感同身受，令我感动的是天钰爸妈一直说，"何老师你们走吧，没事。何老师你这大着肚子，别跟着来回折腾。""娃是病人，我没那么娇气。"我说。还是感谢于天钰爸妈的通情达理。

下午来到班里，咱班的娃把我团团围住，都在问天钰怎么样了，其中钟晨添、李嘉轩、程悠然一直问："何老师我们能去看看天钰不，我们想和天钰说说话。"其他娃都说："我们也要和天钰说话。"于是20秒的爱心视频诞生了。王老师在学校也一直担心天钰，我们商议下午上完课一起去看天钰，到了天钰家，娃是一脸兴奋，根本看不出受伤的样子，然后我让他观看了同学们录制的20秒视频，他眼圈泛红了，说："何老师，我明天要去学校。"此时，是这20秒的集体关爱，让他忘却了疼痛，另外，我忘记了跟天钰说陈紫文给他写的纸条："希望天钰早日康复。"虽然字体歪歪扭扭，但传递的感情却无比珍贵。

天钰娃今天经历了一场意外，但意外之中有集体的关爱，对于我来说，这场意外也让我感到了天钰爸妈的通情达理与包容之心。今天的事情虽不美好，但彼此感情的洪流会越来越深。

我班有个闪亮的名字

这几天，一直有一个孩子在悄悄地守护着我，把我守护成了孩子，对我嘘寒问暖，没事就蹭到我跟前，问问这，问问那，说得最多的就是老师中午你怎么吃那么少。

"我不爱吃米，娃，何老师其实吃得挺多的，只是你看不到，晚上我能吃四个馒头。"这娃道："老师，那你最喜欢吃啥，我说你选，豆沙、豆腐、豆皮。"啊，为啥都是带豆的，我只好选择"豆沙"，我也不知道这娃脑子里有什么，第二天早上，我发现有一个卢师傅牌的豆沙月饼放到了讲台上，我没在意，我以为是哪个娃带月饼丢三落四，被其他孩子捡到了放在了讲桌上。下课铃一结束，这娃就"嗖"地站在我跟前，叮嘱我："老师，这会下课了，你把月饼吃了吧，你喜欢的豆沙。"

我点点头示意没问题，谁知这娃一直"盯"着我让我吃，趁她不注意我放到抽屉里了，并说："我吃完了。"这娃说，何老师这是我最爱吃的豆沙馅，就是想分享给你。第二天，如期又出现了两个月饼，这娃又叮嘱我早上吃一个晚上吃一个。这次我违背了她的命令，告诉她："娃啊，吃多了何老师会胖的。"

说着这娃就坐到了自己的位置上，我以为从此以后这种守护会结束。第三天，这娃又从书包里拿了一大瓶酸奶。"何老师，我妈说了喝酸奶不胖，给你。"我愣住了，我俩对视了半天，都笑了。

"何老师，你是不是不喜欢这味道，你喜欢什么味道的酸奶？"我回答："这瓶酸奶以后就叫幸福酸奶。"这娃说，回家让妈妈去超市找找有没有幸福牌的酸奶。天哪，我被她照顾的都迷失"自我"了，智商也不够用了，不知道怎么拒绝她，但是我很享受这一刻。

　　这娃，不仅会照顾我，还经常帮助她的同桌，教室的最后一排总有个女孩子帮同学收拾课桌，总有个女孩子扶起倒下的拖把，这就是她。她还特别关心班里的绿萝，劳技课上我讲过如何爱护绿萝的知识，于是，我们班绿萝也被她照顾得迷失了自我，走向了茂盛巅峰，各个绿得耀眼，绿得放光！

　　揭晓谜底，这娃是班里的"大个"——齐紫祎，她的名字很闪亮，因为她爱人人，人人爱她！

不要忘记那角落坐着的我家孩子

每天和萌豆们在一起，他们的一举一动尽收眼底：有的活泼好动，不时会给你制造一些小插曲，有时还会让你有些措手不及的感觉；有的自律稳重，学习游戏张弛有度，有时当小助手还挺像模像样；有的孩子则沉默寡言，虽按要求参与各项活动，但大多时间波澜不惊，几乎让人感受不到他的存在，常常容易被人遗忘在角落里。

嘉翔就是最后那种类型的孩子（这孩子是超自律的那种），他的座位又恰好在班级角落里（按照安排，每半个月会调换一次），对于他，我和老师们并没有遗忘，给予他的是更多的关爱、更多的鼓励、更多的期待。

嘉翔皮肤白皙，平时显得很腼腆羞涩，走路抬头挺胸，你要是看上他一眼，他就会显得紧张。有时我就在他身边多待一会儿，慢慢消除他的紧张不安，时间长了，他有时也敢正眼和我说话了。

下课了，孩子们一拥而出，像放飞的鸟儿叽叽喳喳地嚷个不停，女孩子们的花裙子、蝴蝶结，男孩子们的机器人招式、遥控飞机、超人外套……大家谈得那样热闹，谁也不肯输给谁。而我们的嘉翔则是局外人，他安安静静地在那看书，沉迷于此，有时就在大家玩得很高兴的时候，我会不失时机地让他们邀请嘉翔参加游戏活动，在游戏中，在手拉手中，孩子开心极了，在人群里逐渐绽开笑脸，后来就主动积极地和大家一起玩了。

上课时，有的孩子急于抢答问题，小手举得高高的，有时还会情不自禁地站起来，不停地喊着"叫我"向老师示意，这样的孩子一般会得到很多的机会展示自己的才华。而嘉翔不动声色地坐在那儿，举着小手，我就直接点名让他回答，当大家都听见了他的回答，我和大家就一起鼓励他："嘉翔，说得不错！"整节课我看他都是满脸的自信。

我喜欢总结评价，在每天的一日评价中，我会让萌豆们说说一天的收获或不足，每天总结时，我都会表扬一天内走路队、上课注意听讲的孩子，几乎每次嘉翔都被表扬！每每这时，他会意地朝我看一眼，点头示意——何老师我会做得越来越好。

每个孩子就是父母的希望，每个孩子都有自己的天地，让我们多看一眼，多问候一句，多给一次机会，坐在角落里的"野百合"也一定会有灿烂的春天。各位萌豆的爸爸妈妈，请放心，谁都有成为野百合的时候，也许这个时候，只需要萌豆们默默学习，一（5）班的老师不会遗忘那株角落里的"野百合"！

04

第四部分

迭代成长，需要自己
栽培自己

坚持自己培养自己

之前我一直很自卑，因为是大专学历，说不出有涵养的话，也写不出流畅的句子，说话有时前言不搭后语，大脑容易短路，写篇千字文得花费三个小时的工夫，有时候三个小时也憋不出一篇稿子。我的表达与书写是如此的糟糕，有一段时间和别人说话我都不敢张嘴，可能身边的朋友很难察觉，因为我一直爱笑，我用笑掩盖了一切。

我觉知了自己的"遭遇"，开始走向自己培养自己的道路。不会说话就多听别人说，整理好思路再说，不会写我就"逼"自己写。2013年刚刚工作一年，我就逼迫自己硬着头皮每天刻意地写一些流水账，没有任何逻辑，都是一些鸡毛蒜皮的琐事，一开始每天就写100字，都是大白话，就像白开水一样没有任何味道。

后来，局里征稿，我用了整整两天的时间写了一篇2000多字的小文，也是大白话，记录了我在农村学校召开家长会的所有历程，估摸着过了两周的时间，邮箱收到了一封邮件："恭喜何老师，你的稿子获得了一等奖。"这真是一个不可思议的"玩笑"，后来我拿到了荣誉证书，才真真切切地体会到原来写文章不用文绉绉，只要写真事，流露出真情就可以。接下来我对写作着了迷，管它逻辑和章法，一切顺其自然，我心里怎么想就怎样写，后来我才懂得这个朴素的道理："我手写我心。"

我们知道有很多一线教师经由不停地写作成为名师的，这个大家都懂，写作是个捷径，大家却忽略了这个世界上往往捷径是最难走的，但从2013年开始，我就走上了这条路。为了写出更多文章，我开始阅读大量的书籍，每读完一本我都会结合当下的实际写下自己的所得，前几年我都是用输入来推动输出。每个月看的书有限，大概两三本这样子，后来我发现用读书带动写作很低效，我转移战线开始每天记录班级故事、班级管理，从此一发不可收，几乎日更一篇，或长或短。有时我会写着写着不知如何收尾，就放空一下自己，灵感到来时就速速记录在备忘录。

有朋友问我："你怎么如此高产，是如何做到的？"我还是那句话，捷径往往是最艰难的道路，我每天早上起床时就在构思写作框架了，利用下课间隙把想到的能充实框架的漂亮句子会投进我的美篇"草稿箱"，最后利用中午看班或者自习课的时间速速写在本子上。放了学，基本用5分钟的时间对着语音软件把这一天的"果实"全部呈现出来，最后发美篇到微信朋友圈，用聚光灯效应把我的文章晒到微信朋友圈，让所有人看得见，这就相当于公开发表了。每每在点击文章分享按钮时是我这一天最轻松的时候，因为我战胜了自己，克服了懈怠。

"专注是最好的休息。"开始我一点不认同这句颠覆我认知的鬼话，后来在写作体验中，我觉知专注写作就是最好的休息，是在用你当下的付出去对接美好的未来，现在持续地写，为未来赢得休息的时间才越多。

写文章要下哪些功夫

我最近一个月在研读刘波老师的《教师成长力修炼》，看到"写文章要做些基本功"，让我回溯了自己坚持写作的 9 年道路，这 9 年我与写作形影不离，我下了哪些功夫，与大家聊聊。

一、写作的第一点功夫，具备写作的认同感

虽说有 9 年的写作史，但是中间断断续续停笔有 3 年，之所以停笔，是因为当时被很多琐事裹挟着，说起来都是借口，最大的原因是我失去了写作的热情。

2016 年我开通了微信公众号，说实在的，我开公众号挺早的，从 2016 年至 2020 年微信公众号里安放了 500 多篇文章，有关学生的、家长的、我的，开始在公众号写文章，觉得自己挺牛的，别人都不会开公众号，而我会，自以为是，起心动念不纯粹，以致 2020 年 5 月停更了。

之后，我问自己，我坚持写作的目的到底是什么，被人夸，还是自己成长。我确信是为了自己成长，于是快速开通了"何蕊幸福奋斗着"美篇，我发现美篇用着方便，编辑一篇文章我几乎只用 2 分钟就可以搞定，为了节省时间读书，我就转战到美篇，在那里安放自己的文章。

我在美篇坚持写了两年多，发布了 455 篇文章，与美篇同步，简书我也在用，上面储存了 8 万多字。今年 5 月份加入谷里写作营，张祖庆老师鼓励大家用微信公众号，公众号是自己身份的象征，美篇也不错，但和公众号相比有点"野路子"，听了张老师的建议，公众号我又经营了起来。公众号从拿起来、放下、又拿起来，从做到、不做再到做，是我写作历程的抛物线，有顶点也有低谷，变的原因是我的决心不够，不变的原因是我觉得写作这件事是对的。

对的事就要坚持，即使做起来很慢，有时慢也是一种快。

二、写作的第二点功夫，具备研究力

谁都希望被认可，写作也如此，写出来了就想发表，发表不是一件容易的事。有老师说，你没有七八十万字的写作积累，是很难发表的，这话就好像对我说的一样。我的第一篇文章被发表是在 2014 年，当时发表在《范县日报》上，第一篇文章发表的背后是我用了一年的时间没日没夜地练笔练出来的。

后来，我发现我写的文章都是一些感性的文章，没有多大价值，我发现了自己写作的阻碍点，订报纸、买杂志是我破局的战术，后来，只要是没课时我就大声地读，无声地念，一篇篇地研究文章。大概由于我持续地模仿，研究刊物中的优秀习作，我的文章也相继在报刊上发表（2018 年发表了 5 篇），由于我的认知狭窄，中间断了 4 年，这 4 年我没有投稿意识，只是默默地写，孤芳自赏。

直到认识弯弯老师，她身上写作的热情，以及对投稿的敏锐度让我佩服，弯弯老师又点燃了我，最近两个月我的文章发表了 3 次。

三、写作的第三点功夫，具备成果意识

去年我参加了河南省最具成长力教师评选，《教育时报》向我约稿，在稿子中我写下了自己的新年愿望——出一本自己的专著。大话说出去了，必须得用行动来兜底，出书就是我自己的成果，就是这种成果意识助推着我，每写一篇都要是精品，成果意识是我写作变现的引擎，引擎像立下的目标，朝着目标努力，一定会实现自己的庆典。

写作可以让自己的逻辑更加清晰、有条理，写作可以关照内心的走向，写作可以记录自己的奋斗历程，写作可以见证自己的一路成长。

从今天开始，让我们对写作充满认同感，持续研究，精益求精，将写作物化为成果，一路拔尖而行。

犟龟也有自己的春天

五一陪妞去书店，无意间看到一本绘本叫《犟龟》，犟龟它一心想参加狮子国王的婚礼，但是狮子国王的城堡距离它住的地方有着遥远的距离。它决定要参加狮子国王的婚礼后，第二天就背上行囊出发了，一路上它遇到了很多嘲笑它的伙伴，都说你爬这么慢，估计等你爬到了城堡，国王的婚礼早就结束啦，都劝它不要去了。可是犟龟认准了自己要做的事，它没停下来一步，每天都爬，不知道经历了多少月亮和太阳交错的日子，犟龟终于到了城堡，可是他错过了国王的婚礼，但是它赶上了王子的婚礼，犟龟也遇到了自己的庆典。

看完这本绘本，我想到了自己，自己就是大专学历，知道专业阅读、专业写作是一位老师走向专业的必经之路，开始我阅读的时候速度不是和犟龟一样吗，有时一天就阅读 10 页，一本书我要阅读十多天，我庆幸自己坚持了下来。由开始慢慢地啃，到后来 10 天看一本书，再到现在两天看一本书，这就是犟龟一天一天改变现状的坚持与胜利。

我是从 2014 年正式写流水账的，起初写一篇文章，搞得我头昏脑涨，东一榔头西一锤子，没有任何逻辑，都是一些大白话的罗列。当时，就有一个想法，我什么时候可以半个小时写一篇千字文。我坚持了 9 年流水账的写作，目前我已可以 30 分钟完成一篇千字文。这就是只要流水账保持每天流，流着流着就流成了奇迹。我的写作也是犟龟参加国王婚礼的一个写照，傻傻地坚持，永不放弃，最终我也遇到了属于自己的庆典。2023 年 1 月开始至今 4 个月的时间，我有 6 篇文章被发表。等这一天我等了 11 年，坐了 11 年冷板凳，我也迎来了自己的春天。

生活中不仅仅写作和阅读应该有犟龟的精神，做任何事都是。如果我们没有百分之百地把握做成这件事，那就在自己的可控范围内努力付出，就已离成功近了一步，这也是我们应该有所为的地方。

一场课本剧让"演"值倍增

每年四月份学校会有课本剧展演，这场活动对孩子而言是一场盛大的表演。我秉着让孩子们被看见，利用活动契机让他们有高峰值体验，有价值感、胜任感，我连着两周积极带领他们参与课本剧筹备，而今赛事已结束，我坐在案前回溯这场课本剧演出，到底教给了孩子们什么。

一、演员遴选要公平

最近我们在学习第六单元，《亡羊补牢》这则寓言故事孩子们很喜欢，我搭了台子让他们尽情表演和发挥，他们演得不错，我得知这次比赛二（1）班已着手《亡羊补牢》表演，我们二（2）是否也来表演同一题材，振东站起来说："何老师，咱们演《小马过河》吧，这个也很有意思，咱们不和别的班演一样的，咱们是独一无二的。"话音刚落，全班同学都同意了振东的建议，我追问演员如何选，朱玉站起来说："何老师，我们所有同学分组，自己组队，让每一个小组都来表演，我们自己投票选出演员。"朱玉真有领导风范，我又追问大家同意吗，所有孩子欣然答应。我们用了整整两节课的时间，最后通过投票选出了五名演员。

二、台词打磨要接地气

演员遴选到位，最关键的任务就是台词准备，我问五位演员："台词怎么办？"静遥说："何老师，直接按照课本原文演。"雨城说："我们能用自己的话吗？"凯钧说："动作是我们自己想吗？"朱玉说："我要准备什么道具？""你们自己商量。"是我说得最多的话，开始准备的前几天，他们几个在教室展演了好几遍，我顺手录了下来，下课让他们自己看，相互之间提意见，在相互交流的时候，他们发现如果把课文进行改编，用生活中的语言说出来会更自然，我给他们竖起大拇指，表扬他们真会思考，知识就是为生活服务的。

三、赛前道具要先行

他们在忙碌地准备表演，我则悄悄地在网上为他们购买了四套动物服装、两件背景道具、一个视频轻音乐。购买的每一样道具寄过来时，我都会当着所有孩子的面说，你们看看何老师买了啥，为什么买这些。他们仅仅说出我买的道具名字，但说不出我为什么买。每当这个时候，我都会说，万事俱备只欠东风，凡事预则立，不预则废。宇衡挠挠头问，何老师你总是说这两句话，什么意思？我顺势站在讲台上当着所有孩子的面说，做一件事，要想周全，得瞻前顾后，也就是演课本剧之前你缺什么都要提前准备，不提前准备的话，临时抱佛脚，会很慌的，你一慌前面所有的准备都可能前功尽弃，虽然道具都是点缀，但是它也是我们剧本演出的一部分展现，我们不可忽略。高手之间的对决往往就体现在细节上，细节彰显品质。孩子们若有所思地听着。

四、赛时策略要学学

马上比赛了，我觉察到五个孩子非常紧张，我对他们说，坐下来，听何老师说说上场时的放松策略。策略一：眼中无他人，心中只有自己；当你上台时台下的所有人都是萝卜白菜，所以你眼中无他人，只想着自己当下要做的事就可以。策略二：你是主角，所有人都是配角；当你表演时，你想象有一束光照在了你自己身上，你就是这个舞台的主角，你是鲜花，其他人都是绿叶，都是你的陪衬，你最强大。策略三：相互补台，顺势而为；当你们表演时，如果哪个伙伴忘词啦，你可以把他的台词换成你的台词，进行补救。其中策略三是应对突发状况的，有点难度，特别考验孩子们的临场发挥能力。我想我说到了，他们不至于因哪位同学忘词而焦虑，起码我给他们提供了一个方法。

五、赛后奖状要解读

课本剧表演在学校前广场举办，全校课本剧比赛结束，孩子们搬着凳子来到教室，我发现只有雨诗、月影、建智、科涵几个孩子到我面前说："何老师咱班第一。"其他孩子无动于衷地坐到自己的位置上，这个时候我纳闷，多开心的事，为什么其他孩子都不兴奋呢？我思忖了几分钟，指着奖状说："同学们看看奖状上面写的颁给谁的。"他们异口同声："二（2）班。""是不是颁给二（2）每一个人的？""嗯。"他们答应着。我顺势问："演员是谁选出来的？""我们自己。""对啊，你们都是好导演，才能选出五个好演员，所以这个奖状有你们所有人的功劳，同学们你们想一想，第一名的取得容易吗，背后都有谁付出，他们是如何付出的，你们又是如何帮助他们的……"一连串的问题，让他们看到了奖状背后是所有人的辛劳与托举，这是这张奖状的第一层意思，随后我又表达了奖状的第二层意思，每一份成功的取得，都是每天脚踏实地的努力换来的，要想成功，必须付出。

六、赛后要复盘反思

课本剧表演虽然我们取得了好成绩，但也有不足的一面，有哪些不足，我把这个问题抛给了五个小演员。朱玉说："何老师我站偏台了，当时很紧张，没敢调整。""下次有补救方案吗？"我问。"下次，我给站的地方做一个标记就好了。"雨城说："我忘了一句台词。"他自行补充了修正方案，"下次我多练习几遍就不忘词啦。"真好，每个儿童都是一个天生的反思家。

一场课本剧，让"演"值倍增，让孩子学会了什么是民主，什么叫未雨绸缪；还学会了怎样告别紧张，懂得了班级荣誉感与每个人相关联，也学会了做完一件事要积极复盘反思等。在今后的岁月里，希望孩子们的执行力如《小马过河》一般，想都是问题，做才有答案，答案中藏着各种惊喜。

真读书的四条路径

读过的书，穿透了身体，才算知识，才算真读书。读过的书过了一会脑子，与你打了声招呼，我来过了，这就是堂而皇之地假读书。

每个人读书的方式不一样，有的慢慢地读，细细地品，静静地写。有的快快地读，遇到自己感兴趣的地方，停下来品味，体会作者的心情，叩问自己，为什么这个地方会令自己感动，感动的点在哪里，循着自己的心流旅程摸清原因。一句"原来如此"的惊叹，再次开启阅读之旅，在书中找到人生的起起伏伏、跌跌撞撞。

我的读书之路是从假读书开始的，读一本书，我过了一下脑子，合上书，我再现不出一个印象深刻的场景，时间是浪费了，但是没有任何成效。

问题出在哪儿？书上的字我都认识，读是真读了，就是没有深刻地与当下相对接，知识与生活相融合才算真知，活知识，如果只认识一个名词，不能在生活中运用，这个词语就会很快在脑子里划过，没有任何留痕，下次再看到它时估计又是"新朋友"。

我是怎样从假读书走向真读书的，与大家聊聊：

一、真读书的路径之一：复述先行

2018 年，我参加了区里的语文素养大赛，这场比赛囊括的项目非常多，其中最重要的一个就是要笔试，考试的内容从《深度学习走向核心素养》这本书中出题。我开始读这本纯理论的书时，非常痛苦，为了考试，我为自己发明了一个考试支架。支架就是我每背一个章节就要复述出来，每次复述，我都会录音，进而反复听。听的过程中，我发现，我把一些高深的理论与课堂中的实况相勾连了，所以背得越来越得心应手。假读书到真读书的秘诀，就是"复述"，复述就是所谓的"输出"。

二、真读书的路径之二：带着问题去找书

我很喜欢班级管理，每次问题学生捅了娄子，我都会先安抚自己，告诉自己问题学生是提高班级管理的最佳契机。我不断提醒自己要具备研究精神，于是每次遇到问题我就去寻找书籍。比如，我班有一娃他叫刘浩，见谁骂谁，学习习惯、生活习惯都差，班里的学生和老师都像他的仇人一样。针对他的问题，我读了王晓春老师《个案学生诊疗》《给教师的一件"新武器"》《问题学生治疗手册》，还有钟杰老师的《高效带班》《乘风破浪做好班主任》等，带着问题读书，最后我明白了刘浩身上的问题是一个系统问题，要先从家庭教育开始优化，配合班级管理的一系列措施，才能慢慢地让小浩转变。我把在书中学习到的一些策略进行了二次改造，在接近一两个月的实践中让小浩逐步摆脱了"戾气"。

三、真读书的路径之三：加入学习共同体，相互赋能

我们一线老师时常被日常琐碎的小事裹挟着，一天繁重的工作完成，回到家就希望躺平，什么读书学习都统统抛到脑后了。一个人身边学习的磁场非常重要，如果下了班你加入了一个读书共同体，看到一个个小伙伴发读书感想，就会勾起了你的读书"攀比"心理，我们会被自然地推动，慢慢也会振作起来，与他们比试一番，你们写我也可以写，这就是一个强大学习磁场的张力，能驱动一个即将躺下的人，支棱起来。

四、真读书的路径之四：用出书倒逼自己读书

张文质老师说，作为老师，你这一辈子要出一本书吧。出书是对自己的交代，也是对自己一直以来摸爬滚打的一个回报。如果我们一线老师也想出书，就会花大量时间研究手头每本书的目录、框架，会主动思考，作者为什么这样谋篇布局，如果换成自己写，会如何执笔等一系列纵深的问题。比如我今年想写两本书，我每看一本书就刻意地去揣摩每本书的目录以及每篇文章的标题，看完一本书我也

会及时复盘，输出自己的所思所想，提取其中的精华，为自己所用。

读书需要仪式感，我们从拿起书那刻起，就告诉自己真正的读书开始了，排除杂念，想大事情，从小事做起，做大事情，从真读书开始，真读书，可以成为更高配的自己。

在写作中看到了成长的星辰大海

思维是语言的内容，语言是思维的物质外壳。作为一名老师，把控好自己的"语言"很关键，教师的语言，大致分为两种，一种是口头表达，一种是教育写作。写作，是重塑生命的最佳捷径，它反哺了口头表达，倒逼了书籍阅读。

工作十一年，我的写作之路起起伏伏，走走停停，经历了写作入门、徘徊、发愿、专业期、精进期。每个阶段都有每个阶段的故事。

一、写作入门——临摹文稿

刚开始入职的前两年，我一直沉浸在题海之中，成了名副其实的"乡村试卷师"，天天盯着孩子考考考，学学学，浸泡在应试教育的浴缸里。我抬头发现，每天被考试裹挟着往前走，讲课没有任何长进，一本书也没有碰过，好像做了老师以后，我与阅读就断了联系。一次，学校下发了教育局的征文通知，领导让我参加，我愣是坐了一天，在键盘上一个字都没有留下，我长叹了一口气，我的写作是如此得捉襟见肘。我觉察到自己的短板，缺什么就补什么，于是我自己去找师父。

我们镇中心小学姜明霞老师，她经常发表文章，我鼓足了勇气，去学校请教她写作的秘籍。姜老师为人和善，一股脑儿地把她发表过的文章给我看，告诉我一定要动笔写，只有多写，才能学会写。

此后，每天早上我的必修课就是大声朗读姜老师发表过的文章，然后自己再照着模子写起来，开始每天坚持写 100 字左右，后来变成了 300 字、500 字、1000 字、2000 字、3000 字，几乎都是流水账，写了 3 个多月，我迎来了第一次收获，我的《我要这样生活》发表在了《范县日报》上。

人生第一次发表对我来说是一个巨大的推动力，这次发表打开了我身上的写作开关，有半年的时间我几乎每天都要写三四篇文章，每天都要投稿，达到了疯狂、痴迷的状态，每天写文章一直到眼睛昏花，才肯作罢。

2014年12月收到了写作的第一份橄榄枝，我被范县教育局教研室特聘为《教研通讯》的刊物编辑，说白了，就是审核下面乡镇优秀老师的稿件，写得好的收录到刊物，不好的退回。这件事又一次打开了我写作的新天地，我看到的优秀稿件不止姜老师的一种，还有很多种。从这些优秀稿件中，我找到了写作的门路：要有一个吸睛的标题，还要提炼文章小标题。

二、写作徘徊期——写与停的间歇告白

2015年8月，我结束了三年特岗教师生活，同年9月我考到了城里的学校，地域与角色的转变，我变得手忙脚乱，为了更快地适应城里的教学，我明白只有写作可以使我沉静。

2016年我开通了班级写作微信公众号，公众号相当于班级的自媒体，学生的文章、家长的文章、我的文章都在这发表。公众号要每天经营，怎样排版、发布、分享，我都一步步自学，摸索了两个月，公众号的运营了然于胸。这个时候我就在考虑，写作要写哪些内容。鉴于自己是语文老师、班主任，我锁定了班级管理、课堂教学。说实话，课堂教学我写的不多，那时对课堂教学不是很敏感，与学生的故事却写了很多很多。

写着写着，我发现周围的同事没有开微信公众号的，更没有每天日更的，人都是懒惰的，当我发现大家都不做的时候，我对自己又产生了质疑，每天这样傻傻地坚持有用吗，每次追问自己，我都会以此为借口，偷懒几天，不更新文章。写写停停，这样我荒废了四年，直到2020年，我又开始拿起笔写起来。

三、写作发愿期——保持定力

2020年，我被分到了学校新校区，恰逢此时，学校号召青年教师成立读书小组，我主动加入了同心同行小组，每天接龙读书分享，大家互相点评，学习的气氛非常浓。

来到新校区，我接手了一年级新班，接班之前我就做了规划，从接班第一天开始记录班级故事，保持一年，每天不间断，平时的工作强度很大，我抛弃了费时排版编辑的微信公众号，申请了美篇进行了一年的记录，文章有我们班级的，还有我们读书小组的阅读分享，这些记录我都有意识地进行了分类，文章的内容大致分为：学生故事、班级趣事、优秀家长、活动策划、小组读书分享。

这一年读书倒逼了写作，也练出了手感，但只是为了记录而记录，我没有发表的意识，也不会主动向身边的朋友请教写作的绝招。只是傻傻地坚持了，就是这种愚笨的坚持，后来我把这一年记录的文字进行了整理，一年级毕业时送给孩子们这本拥有我们共同记忆的"土书"，仅此而已。写作发愿期，我就明确了要坚持写作这条路。

四、写作专业期——从阅读根基类书籍起步

2022 年，在好友的推荐下我加入了新网师，报了两门课程，一门是小学语文，一门是班级管理，对我冲击最大的是班级管理，主讲老师是杨雪梅。杨老师的每堂课几乎都是金句，她的班级管理文章经常发表在报端，后来在课程的一次连麦中，我主动向杨老师请教这些金句从何而来，杨老师说，从阅读大量根基类的书籍而来，阅读之后，要反刍，要物化成果，要有发表意识。

杨老师的专业精神深深地感染着我，在杨老师的指点下，我阅读了《发展心理学》《儿童心理学》《教育中的心理学效应》等，读完这些根基类书籍，我一下明白了有些问题孩子是一个家庭、社会、学校的系统问题，要三方协同，方可解决问题。

有根基类书籍的赋能，助推我对班级的管理有了更深的思考，认知升维了，写的文章也就有了点专业研究的味道。

五、写作精进期——学习共同体加持

2022 年，缘于我报了线上的很多课程，有班级管理的、课堂教学的、课题研究的，有很多，我每天如饥似渴地听课，学习。听课的过程中，我会关照自己，我在哪些地方做得好，我要深挖的那口井在哪里。找到了班级管理，先从大量阅

读班级管理的书籍开始，这是蓄势的阶段，我大概阅读了半年，就开始一篇篇地写文章了。

我的写作直到2023年1月开始才有了质的改变。因为我加入了张祖庆老师的谷里书院写作营，结营时，我写下了这样的感受：

"三个月的写作'找碴'，擦除了我写作的困惑，我觉察到自己的写作是低层次的，是假努力，我也深深地怀疑过自己，学历低，写不出有文采的句子，我离发表很遥远。这造成了我深深的自卑，是张老师给我打了一桶又一桶专业又有分量的鸡血，我看到了专业写作的庐山真面目，如深度学习一般，我扎下身子，钻进去。开营的18天，我的第一篇文章在《德育报》发表了，21天的时候又有文章在《郑州日报》发表。发表了两篇之后，我觉得自己被掏空了，于是换了一个方向，观察课堂，于是在入营的第44天，我的第三篇文章在《教育时报》发表了。

三篇文章发表之后，我又不会写了，按图索骥，按照张老师说的，我阅读了一些专业书籍，我在群里大概沉默了5天，这5天我在思考自己写作的方向到底是什么，在哪里深挖一口井，我循着自己的长处锁定了班级管理。回过头，我梳理了班级管理的一些文档，放到了文件夹里，于是投了两篇，昨天收到《德育报》编辑的消息，第4篇文章即将发表。当然，第5篇文章《教育时报》编辑也说马上上报。

发表我文章的编辑并不是我最想表达感谢的，遇见张老师、赖老师，为我打开了专业写作的大门，他们才是让我最受益的人。我知道了自己写作的盲点与阻塞点，也不再埋怨自己学历低了。

遇到张老师就仿佛遇见了教育的星辰大海，谢谢您。遇到张老师的写作营，让我知道自己不知道的还有很多很多，我会继续努力，持续精进，发表意识先行。

张老师的写作营，再一次把我拉到了发表的道路上，兜兜转转9年，我的文章再一次被看见、被发表，是持续发表，持续被看见。这种写作的内动力，已刻进我的骨子里，融进我的血液里，让我因写作而品尝到了职业幸福感。

朱永新教授说，专业阅读、专业写作、专业交往，是一个老师专业成长的三专模式。我认为专业阅读是提升教师理论修养的重要途径，是输入；专业写作是把理论内化，形成教师的教育教学经验，是输出。专业交往是把伙伴们的写作秘籍、阅读的精华慢慢吸收的过程。

　　每个人走向写作的成长之路不尽相同，但是阅读、交往是为写作赋能的不二法门。而在写作道路上遇到一路的故事，一路的成长，慢慢长成"明师"，知道自己努力的方向，就是收获了教育的星辰大海。

儿童读写自画像

读书是输入，写作是输出，读书和写作是两个相对接的过程，只有输入没有输出，我们的大脑就会成为别人思想的跑马场，所以读书与写作是一个人完整的精神生活。

对于儿童而言，读书与写作是助力他们适应社会不变底色的工程。

比如当下比较火的网络主播董宇辉，为什么董宇辉会火？无外乎两点，第一点，他阅读了大量的书籍，并把这种输入与当下的生活进行了深度链接。第二点，在读书这条道路上积淀了数年，坚持了数年，而坚持就是力量，坚持就是生产力。

我从教 11 年，在职业生涯的第 9 年，也就是 2021 年才意识到要从儿童的起始年级架构起学生的阅读体系，阅读体系如何建构我经历了以下几个维度的摸索：

第一个维度：依托班级"我最闪亮"读书活动，激发学生的阅读兴趣。

这一维度我从开展班级读书活动的起心动念说起，2018 至 2020 年我一直担任六年级语文教学，在这几年的教学过程中，有关学生阅读、写作方面我发现了很多问题。如，学生的作文千篇一律，让他们写作文就像上大刑一样；他们静下心来阅读的时候很少，没有好的阅读习惯与阅读方法。

带着这些思考，我申请去教一年级，2020 年 10 月在我接手的新班级，我开始带领着孩子们走向了阅读的道路。我秉着先做起来再做精彩的信念，带领学生经历了阅读的 1.0 版到 5.0 版的摸索与实践。

"我最闪亮"1.0 版的开启之路，2020 年 10 月可以在班级开展线下读书分享活动，我依托共读书目和学生自选书目带领学生每周开展一次读书分享活动，读书分享的时间都是从我每周的语文课当中挤占的，因为学校没有安排阅读课。基于现状我们每周五在班级开展读书分享活动，每周安排 5 名学生分享看过的精彩故事，学生分享完后我当即点评总结。

之后，我也会给他们发小小的奖励，都是一些激励学生喜欢读书的外显策略。其实 1.0 版，我没有给孩子们提什么要求，都是以激发孩子的阅读兴趣为目的。

兴致差不多提起来之后，我再去慢慢规范，这是我的初衷。

2.0 版的要求其实就有一条，借助工具、手势等道具绘声绘色讲出读的故事即可。2.0 版上线之后，我们的欢乐增添了很多，孩子们为了让自己的故事讲得精彩，他们会自己制作道具，还会拉着父母充当角色进行演绎。

有一周的读书分享中，贾卓兮的妈妈主动参与了孩子的分享故事中，扮演角色还充当了道具，母女在视频里的画面很温馨，我借机把这个视频进行了造势式的表扬，所谓"父母改变，孩子才改变，父母优秀，孩子才优秀"，就是这样的画面和写照。

我在微信群里单独 @贾卓兮妈妈，随后她分享了每天与孩子在家阅读的场景，认可我带领孩子读书这件事是正确的。我又补了一句，我们往往觉得孩子这不行那不行，我们去试着和孩子一起成长，去经历孩子的成长过程，这就是一场双向奔赴的热爱。从此我们班家长的读书热情逐渐高涨起来。

读书分享由孩子个人阅读蜕变成亲子阅读，我们也随着大家的参与把"我最闪亮"读书分享升级成了 3.0 版的亲子阅读分享。

这个时候，每个家庭每周都在想孩子本周的读书分享如何拍摄、如何参与等，所以他们的家庭也少了很多争吵和抱怨，这个时候，我的工作也忙碌起来，于是我把每周发布读书分享的信息交给了家长来做，制作美篇的任务也移交给了家长，点评的任务依然是我来做。

3.0 版亲子读书分享有一天遇到了高科技，我们顺势变成了 4.0 版。我们班的陈姝萱妈妈爱钻研，轮到他们家展示读书分享的时候，他们演绎的是一个绘本的故事，需要大背景的烘托，于是姝萱妈妈借助剪映里面的换背景和抠图技术，为大家呈现了一部高科技的读书分享，当天晚上我发动姝萱妈妈把操作的方法录成视频教给所有人，从此我们班就出现了无数个陈姝萱妈妈。

我在考虑这 4.0 版如何升级为 5.0 版时，我把我们班的读书分享活动向专家做了请教，专家给出了两点建议：

1. 不仅仅有老师的点评，加上家长和学生自己的点评会更好，这叫多维评价。

2. 读完一本书，不仅仅要用读书分享的方式来表达，一年级的孩子太小，可以使用绘画的形式来表达，待他们会写字的时候，也可以用写的方式来表达。之后我们班的读书分享就成了 5.0 版（绘画、书写、视频都可以）自由表达、自由展示的方式。

我教了他们一年，读书分享也进行了一年，后来因为重新分班我就没有再教他们。回溯那段日子，非常值得纪念和回忆。现在想想"我最闪亮"读书分享活动的全面铺开，我梳理了几点思考：

一、主动向上的意愿，打造三方协作的学习圈

我遇到问题，反思问题，进而去修正问题，运用各种激励方法使学生和家长加入读书的大队伍当中。对于学生我会利用班会课对读书分享做得认真的孩子给予口头表扬，每月还有一次读书分享物质奖励，礼品虽小但是激励学生的外显策略；对于家长我则利用班级群、我的朋友圈、家长会进行造势表扬，给家长制造惊喜，利用家访我亲自给他们送书籍，让他们体会到惊喜的"峰值"体验，做事情不再难。

二、建立完善的读书分享机制，让他们感到自己很重要

每周三线上分享成了我们的规定动作，成了约定俗成的规则与制度，大家都去遵守也很期待。每次分享我都会一对一评价，都会制作成美篇进行分享，每个孩子和每个家长的努力都会被看见。

三、建立和谐的关系，与学生及家长形成强大的圆融大家庭

一切活动的开展，都是建立在好的关系之上的，所以开学前一个月，我想各种办法取得家长的信任和孩子的喜欢，开学初我利用午休和休息的时间为班级每个孩子写了一篇文章，我为每个孩子写的文章都在班里大声朗读，放大他们的优点，他们觉得自己很有价值，从而也很有信心做好班级的事情。表扬家长我用的是最笨的方法，通过接送孩子进校、放学的间隙，我发现有家长帮其他家长做好事，我就会随手拍下来，记下来，并发到群里表扬。另外，从其他渠道知道的家长做的好事，我会利用家长会的大场面，对家长进行表彰，就是这样笨笨地记录，我取得了家长的信任。有了家长与孩子的信任，我做什么活动他们都无条件地支持。

四、先做起来，再做精彩

活动开展之前，我没有思考过我们会有从1.0版到5.0版的升级体验，也从未想过一个读书分享会促进家庭亲子关系。只有经历了，才明白当下才是最好的。

第二个维度：复盘班级读书路径，向高人借力。

经过班级5.0版一年的读书分享活动，我梳理成文，主动向《班主任之友》专业刊物投稿，各位编辑对于我的实践做法给出了专业建议，建议说得很直白："何老师，踏踏实实领着学生进行了一年的读书分享活动，行动力很强，但是读书分享活动基本上是外在的包装，比如制作美篇推广，只是为了做而做，你得从学生阅读的内里着手，而不是外在包装。"就是这些实实在在的建议，驱使着我主动地走向探索儿童阅读之路。

第三个维度：依托橡果书院，学习儿童阅读的系统知识。

早期领着学生走向阅读之路，只是拥有满腔热情，对学生和家长的指导都是一些点状的知识，自身没有专业的、科学的、系统的儿童阅读体系。经朋友介绍，我走进了橡果书院，在这里获取了系统性的引领儿童进行阅读的知识。至此，我根据自己所学梳理出了科学的儿童阅读之路。

首先我们先从厘清儿童阅读与语文教材的关系入手。儿童阅读与教材学习二者的区别：儿童阅读是无意识的，教材学习是有意识的。

（儿童越小，无意识学习的比重越大；儿童的年龄越大，有意义学习比重越大。无意识学习的数量越多，有意义学习的质量就越高。）

儿童阅读的目的是"人"，教材学习的目的是"知识"。两者是互相补充的。儿童阅读是与语文教材双线并进的课程关系。

其次，我厘清各个阶段的阅读内容：

（1）低段，以绘本、桥梁书和初阶童书为中心，同时以长文挑战作为儿童阅读与教材学习之间的桥梁，有效地增加儿童的识字量，同时让儿童最初的校园生活变得富有意义。

（2）中段，通过海量的童书阅读，刺激阅读自动化能力的形成，为儿童在语文教材中理解篇章奠定语感基础。

（3）高段，通过经典研读，对阅读能力进行深度加工。

通过厘清了孩子们各个阶段的阅读内容，先从我教的低年级做起。

我是这样做的，首先我先阅读一些低段的绘本，形成一系列系统的阅读课程，再带领孩子们去读书，阅读课程包括导读课、推进课、分享课。

当然，由于走上专业的儿童阅读道路，这段历程于我而言，时间很短暂，中间牵扯着生娃耽搁了一些事情，但是我在镇平杏花园小学也在摸索着去做。

导读课

导读课，使学生对这本书"一见钟情"，导读课的主要目的就是激发学生的阅读兴趣。"导读"课的"导"大致包括：

（1）用心创作并讲述一段导语；（课件出示我录制的视频）

（2）绘声绘色讲一个故事（既可以是书中的精彩片段，也可以是自己或名人阅读此书的经历）；

（3）精心设计的一串串问题；

（4）制造一个悬念；

（5）阅读策略或技巧传授，如导读（那种快速找到特定问题答案的阅读技巧）、跳读（不理解或不感兴趣的内容先跳过去）、猜读（预测情节发展或猜猜大致）。

推进课

推进课，给学生持续阅读"添柴加火"。

1.督促学生做好阅读记录

学生在课堂上展示前段时间的阅读记录，分享阅读成果。

2.帮助学生解决疑惑

让学生根据自己的阅读情况，搜集整理在阅读过程中遇到的困难，在课堂上提出来，大家共同协商解决。

3. 促进学生的思维向纵深处延展

引导学生学会正确的阅读方法，并在阅读过程中及时总结经验，逐步形成良好的读书习惯。

分享课

分享课，为学生后续阅读"添油加醋"。

1. 回顾作品内容，探究精彩情节，让学生在自主思考和合作探究中不断体会整本书中的主要内容。

2. 多角度评析人物形象。认一认、说一说、读一读、猜一猜；让学生根据自己的阅读经验进行人物判断。

3. 师生互动，交流阅读感悟。在学生交流的基础上，实现师生互动，使学生能够通过交流分享有所提高。

4. 多种形式展示阅读成果。可以鼓励学生制作读书卡、书签、手抄报，有能力的学生还可以画思维导图、写读后感等。

目前我带领孩子在阅读《小猪唏哩呼噜》系列童书，我引导学生采用绘画的形式展示自己的阅读成果。

3 月初，我带领全班学生加入了橡果书院云课堂，这个平台将带领孩子与我走向儿童阅读的纵深处，以上是我关于儿童阅读实践走过的路。

这几种课型的实操，都是任瑞花老师给予的指导，感谢任老师的赋能。

规避写作碎碎念的三个武器

阅读是汲取他人的能量，写作是自我表达的展现。为什么教师写作那么难，是因为很多教师没有把写作与自己的教育生活相连接。头脑里面没有打通写作与生活的关联点，所以很难写出有思考的文章。

我发现很多老师在写作初期，都相似性地写一些与生活琐事相关的碎碎念，我认为这是写作的浪漫期，很随性，想写什么写什么，当然这个阶段也是为进入写作精进期打底，大家都绕不开，为了让大家尽早避开写作碎碎念的"魔咒"，我们不妨先做第一步的改进，经由喜欢的书籍，写自己的思考、问题、行动。

我们知道一个经常写碎碎念的老师，他自己也想摆脱这种写作方式，就是苦于不知道如何改。我就是从这个写作阶段过来的，听了《中国教师报》课堂版主编褚清源的讲座，受到了启发，他提供了一个写作结构叫"3211"，这个模式是依托书籍开展的。

所谓3就是写出书中令你感动的3句话。

2就是依据你感动的3句话写出自己的两点思考。

第一个1是基于自己的两点思考，写出1点自己的困惑。

第二个1就是依据自己的困惑，写出自己的1点行动。

3211它们之间的关系是环环相扣的。

如果，你按照这个3211模式去写作，那么慢慢地，文章的写作范式会走向专业写作的模样。当然依托3211写作模式也能倒逼大家阅读一本又一本好书。

不排除写作碎碎念是对美好生活的记录，我们谈的是一个老师要想走向专业写作就要慢慢地学会专业写作的范式。

我们知道一个人不是他不想改变，而是他不知道如何改变，如果身边有一位成功的人士手把手地告知他走向成功的方法，他可能会慢慢地克服困境实现改变。

这个手把手教我们摆脱写作碎碎念念的身边师父——纸质报纸、杂志。为什么是纸质报刊，一是因为你不用跨越山海，四处奔波，你订购了它，它就会时刻在身边，拿来就能读。二是你可以从中看到很多名家走向专业写作的路径。三是与报刊成为朋友，要持续阅读，从中提炼专业写作范式。

有时候别人说的办法再好，你不去亲临一遍，只能永远停留在浅水区。所以订购期刊，模仿写作框架，思考写作逻辑是走向专业写作的必经之路。

避免写作碎碎念第三个法宝——专业交往。找一个学习共同体深度了解，公开亮相，说出困惑，伙伴间相互帮扶。一个人闭门造车，会导致专业定力不足，最后落入躺平状态。加入共同体要有躬身入局意识，主动为集体服务，承担即成长，积极拜读伙伴文章，从中找到自己的差距，也可以向伙伴取经，有了共同体强大的支持系统，再有坚持写作加持，你的文章就离公开发表不远了。

脱离写作碎碎念的方法当然还有很多，但我认为方法再多，不去做，一切为零。让我们从每天的"微雕"开始，每天雕刻300个字，相信岁月，一定不会辜负一直把自己活成动词的人。

从不知如何发表，到如今《德育报》上发表文章的"钉子户"，她是如何做到的

2022 年，我就确定了一个目标，我要公开发表文章，此发表指的是要把文章发表在报刊上。

我这个人总是很乐观，脑海里经常浮现这样的画面：我的文章发表了，收到样刊时手舞足蹈的状态。美好的愿景驱使着我前进、前进、再前进。

每天逼自己日更一篇文章，有时没有好的写作素材时，我就把这一天的七零八碎串起来，有时写着写着会有一种奇妙的现象产生，本来奔着流水账去的，结果写成了教育随笔。

我想这就是写出来的收获吧，这个转角不是物理的，是化学的，在量的积累下发生的。大概有五六百篇的流水账打底，让我今后写文章时有了手感，有了可言说的素材。

李镇西老师说："不要小看这些流水账文字，正是这些文字，留下了岁月的痕迹，没有这些文字，过往皆是空白。"

所以对于写作初期的你来说，先不要太过度考虑写作结构，先写足够多的流水账，先学会记录生活。有了记录的习惯，写作就成了如呼吸一样自然的事情。

写作中期，我们要脱离流水账，要一个一个去模仿写作范式。

自己订购几份杂志报纸，去研究一些自己喜欢的栏目，研究行文的逻辑、字数要求、写作风格。开始的时候可以比着葫芦画瓢。模仿到了一定阶段，可以自行成文，然后付诸行动去投稿。

投稿的经历，拥有万千期待，先不要一直等编辑的回复与用稿，制定计划继

续写作，先把等待抛在脑后。一是因为编辑一天要审核很多稿子，很忙，来不及即时回复。二是因为新手初期投稿，不要报太大期望，我们只要为此做出努力就是成功。三是有时投的稿子不符合当时报刊的约稿内容，但是只要文章足够好，编辑会自动保存，有合适栏目时会调出来刊发，这就叫作：四五月的事情等到七八月会有收获，只管努力就好。

2023年3月至今，我就有意识地向《德育报》投稿，没有刻意想着一定要中，就是用投稿的任务驱动来验证自己的文章是否可以发表。3月我投了《问题学生，治疗的3个步骤》，中了。4月我投了《课本剧展演，让颜值倍增》，中了。5月我投了3篇，编辑说都很好，中了2篇。目前知道《新手教师如何管理时间》这篇中了，另外一篇，我在等待结果，我没有问编辑，我知道他们很忙。他没说，我就用期待的心情等两份用稿通知就可以了。8月编辑主动向我约了一篇稿，就是人物事迹，这篇稿子分量很重，很足，我写完后编辑很满意，直接回复，何老师静等发表即可。（我看了以往的人物事迹，都是一些牛人才有机会被刊登事迹，我很幸运。）

2023年从3月到8月足足半年的时间，我与《德育报》形成了一个强大的连接，只要我写，就会悄悄投稿，继续写作，坚持写作，于偶然间获得惊喜与收获。

除此之外，我也投稿过很多报刊，也发表了十几篇，比如《郑州日报》发表过3篇，《教育时报》发表过4篇（都是朋友发给我的发表截图），《班主任之友》1篇，《教育博览》目前有1篇我正在进行三次修改。

发表有时真的很难，有时也真的很容易。难与易之间的桥梁就是"坚持"。

大道至简，开始写作不要追求太多章法，放开手脚写吧！碎碎念写烦了，借助共同体，经由读书，去模仿牛人发表成功的"碎碎念"，多去模仿一些，找找自己喜欢的风格，钟情于它，长期坚持下去，发表就是水到渠成的事。

我先恭喜正在看文章的你，何老师也在碎碎念，还不敢写的你，就从学习碎碎念开始。准备好了吗？开写！

把写作和工作变为"一张皮"

每次外出做讲座，都有很多年轻教师问我同样一个问题："何老师，每天工作那么忙，你是如何做到写作与生活平衡的？"我这样回答："我把平时的工作当作思考与写作的阵地，几乎没有再挤占回家陪孩子的时间。"我要坦诚一点，在平时的实践中我就有了思考意识，循着我的思考，结合看过的一些理论，两者相对接，一篇文章基本就形成了。

我们一线教师，只要把教育写作与日常教育教学行为下成一盘棋，就不会觉得没有话题可写了，我们身边有特别多的可以写的素材。

日常的教育教学可以成为写作的第一手资料，如我每次上完公开课，都会梳理出备课时的思路，课后，积极写教学反思，之后还会逐一听取听课教师的建议，再次进行修改，规避下次再犯同样的错误。

班级管理的日常小事也是写作的素材，如前一段时间班级卫生很差，我发动学生组织学习身边小雷锋活动，活动的宣传、推荐、总结，我都做了详尽的记录。每一次活动，都有几处可以值得怀念的场景，我用文字定格下了这种美好的画面。

平时我们对教育的理解与思考，同样可以成为写作的"参考"，如考试前很多孩子有考试焦虑的问题，我从问题入手，分析他们焦虑的原因，带着思考，我到知网上下载有关于考试学生焦虑的文章，在多篇文章的思维碰撞之下，最终形成自己对教育教学的理解与思考。

教师要求学生读书，教师首先要读书，在我们与书籍做朋友的道路上，边读边写，用读促进写，以写又促进读，读写联通，形成思考的闭环。

写作不仅仅局限于学校工作，也可以延伸到家庭教育。在教育儿女的过程中，摸索出了哪些有智慧的陪伴游戏，为孩子一起研读属于自己的读书故事等，这些都是写作素材。

让写作成为一种最健康的生活方式，写作可以让我们的经验可视化，可以让我们的思维更加缜密，可以促使我们快速成长。

从今天开始，不再畏惧写作，从身边的一切资源写起，先写起来，再写精彩。

我的写作反思

朱永新教授说，一个人的阅读史，就是一个人的精神发育史。一个没有阅读积淀的人，他的精神世界该是多么的苍白而没有情调！

常常听到这样的说法，阅读是输入，写作是输出；亦或者，阅读是吸收，写作是倾吐。无论哪种，都说明阅读与写作是相互赋能的关系，缺一就不能形成一个人精神发育的闭环。

吴松超老师在他的《给教师写作的 68 条建议》中提到，写作可以让自己的教育理论清晰化、可视化、经验化。还有一个更形象的比喻，假如万里长城没经过记录，它也不可能成为名胜古迹，有可能成为破墙烂瓦，是历史的记载让我们知晓了它的价值，这就是写作的魅力，它可以让我们看到物质文明的走向。

一旦从事老师这个行当，估计就是一辈子的事。叶澜教授说，一个老师写一辈子教案不可能成为名师，如果坚持写三年教学反思，有可能成为名师。

名师走过的路子，写作是必经之路。这些都提醒一线教师，别在自己临近退休时，回头看看几十年的教学生涯，发现什么都没留下，这该是多么遗憾的事啊！为了少留下遗憾，我们可以先从读书开始，存下干货，与当下实践相结合，再写出来。写出自己的做法、想法，这样又为下次的工作理清了思路，形成了工作时效的良好循环。

写作这条路老师们可以走，它是对生命最好的成全。

走的过程中有几个拐点，需要我们注意。第一个拐点是写作初期，这个时期一般都写一些感性的所见所闻，都是一些发散的零碎点滴，这个时期我经历了四年，这四年，我每天都在记流水账，写一些与学生的故事、与朋友的聊天、与爱人的婚姻，等等，一股脑地广撒网，什么都写，写的过程很艰难，处于逼迫阶段。

　　第二个拐点是写作上升期，这个时候已走出了写作初期，练就了手感，积累了一些肌肉记忆，想写的文章有很多，有时候连着写两三篇，篇篇是千字文，处于井喷状态。这个阶段我经历了两年，这两年我什么都写，慢慢找到了自己喜欢的点，我擅长班级管理，我就从班级管理开始实践起来，根据实践梳理成文，然后投稿，这个时候有了投稿意识，但是投中率不是很高，因为我只是一些面上的写，缺少更高的站位。

　　第三个阶段写作高原期，也就是同一种写作框架或者模式写的时间长了，找不到任何创意和灵感，有时候又对自己之前写的文章产生怀疑，这个时候就需要保持大脑的清晰，多去问问身边的"师傅"如何度过。

　　听了刘波老师的讲座，他给出了建议，订购一些报刊。报刊的订购是有讲究的，要与自己学科相匹配才有很高的模仿与研究价值。今年我订购了综合类报纸《中国教师报》以及《中小学语文》，没课时，我就沉下心来研究每篇文章的架构，我发现了一点亮光，好的期刊每篇文章都有隐形的脉络，我在一点点模仿文章的搭建。

　　前不久，我又在熊老师的讲座里听到了突破写作高原期的"锦囊"。首先找到自己喜欢的文体，有针对性地做专题实践，在实践中做好专题阅读，进而做好专栏阅读，再进行专文模仿，最后，一定要找专家批改。每一环都可以拯救我的写作高原期，接下来我就用这些方法去实践，希望早日突破写作高原期。

　　我反思，我的写作高原期还存在一个很大的弊端，就是我没有想好我要在哪口井上深挖，正如田冰冰老师说，写作要选突破点，不能哪个点都破，哪个点都破就没有了重点。

　　阅读和写作是每一个老师的标配，当我们在标配上犯难时，不妨先停下来，想一想，我当下应该做哪些改变。

05

第五部分

快速成长，需要向着
一本本书走去

老师，还有一个名字叫"笔杆子"

——读《给教师的 68 条写作建议》有感

小时候，村里有红白喜事，都去找笔杆子硬的人写主事的词。这些人都有一个名字叫先生，先生不仅会写词还会写字。母亲总说我们几个长大了，要好好读书也可以做先生（现在的老师），可以为村里人做事，多自豪啊！

后来，如母亲所愿我做了"先生"。成为笔杆子硬的老师这粒种子，就在我心里生根发芽了。做了老师之后，起初的三年在农村做特岗教师，认知狭窄，只注重学生成绩，当我把学生的成绩放到第一位的时候，我觉得我的教师生活中少了一些诗与远方。

恰逢此时，我认识了一位笔杆子过硬的前辈，她爱写作，文章经常被发表。当时她的出现激活了我心中的写作萌芽。我就主动请教，如何进行写作，前辈告诉我，一开始先写一天当中自己的所思所想，还可以写课后反思、与学生的故事、班级管理等，慢慢起步。

刚开始的时候，我就每天强迫自己硬坐在电脑旁写流水账。流水账由 200 字变成了 500 字、1000 字、2000 字……字数增加了，写作也练出手感了，这就是流水账每天流淌的奇迹。

没看吴松超老师的《给教师的 68 条写作建议》一书之前，我细数了一下，一共写了 1203 篇流水账，流水账写得挺多，我潜意识里感到这些流水账尚处于写作的最低层次，还不懂其中的写作逻辑。直到吴老师在此书中提到教师要进行主题式写作，在一个点上打透，不要哪个点都浅尝辄止，这就叫研究意识。我写作方向 一下清晰了，如果要写一个学生，就持续地记录跟踪、帮扶、转变的过程，而不是写一篇就草草了事。如果写教后记，就对教过的课文逐一反思。

由吴老师主题式写作又链接到老师写教案上。吴老师提到的写教案不仅仅是我们认为的依靠教材、课标拉出教案脉络，这是最浅显的教案，而是为启发学生深度思考的教案。吴老师说老师要进行基于文本的主题式阅读，这种主题式阅读，是为写教案做大量的知识储备，也为上课扩充学生的认知所用。看到这，我联想到一句话："人的一生，经师易得，人师难求。"经师就是只做传授课本知识的教书匠，而人师则要成为塑造学生品格、品行、品味的大先生。上课前、写教案前的主题阅读就是向大先生靠近的"捷径"。

成为笔杆子硬的先生，除了要进行主题写作、主题阅读，还要有对写作的认同感。认同感来自对写作的痴迷，对写作价值的深化与提炼。正如吴松超老师在书的封面上写下的两句话。第一句：写作，让我们对教育的理解更为清晰、具体。第二句：写作，让我们的经验可言说、理性化、有提升。这两条都是写作带来的额外奖赏。

对于写什么，怎样写，为什么写，吴松超老师花了大量篇幅，依据他的实战经验为我们提供了可以复制的落地实操，如果你的写作处于瓶颈期，不知道怎样写，就看它；如果你不知道为什么写，就把它作为案头书；如果你的写作认识有偏差，就赶紧去读它。

这本书，不仅仅解决了写作三难的问题，更为暖心的是，从开始写直到发表的整个闭环，包括怎样投稿、投稿注意事项、发表后的对比参照，都给予了关照。可以说，这本书就犹如写作路上的陪跑者，你写作的每一个障碍点如何破解，书中都有"参考答案"，直接复制粘贴就可以成为写作高手。

遇到《给教师的 68 条写作建议》一书，就如同遇到了一位写作的导师，遇到疑惑，找到索引，就能找到答案。遇到《给教师的 68 条写作建议》一书，让我儿时成为先生的梦想落地扎根，让写作力助推我们成为爱读书、善写作的人师吧。从写作开始，先写起来，再写精彩。

专注工作的虔诚路径

——读《干法》有感

联系自己的生活经验以及稻盛和夫的《干法》，我厘清了很多专注工作的路径，从内到外地推动自己、修炼自己。热爱、神明、创新、利他是专注工作的最佳方式。

一、热爱是我们从事一项工作的源动力

源动力如何获取，我们从改变心态做起。我们从心底认同自己的职业，把自己的工作当成成就自我、完善自我、修正自我的重要媒介，坚信工作可以造就人格。拿我自己来说，我是一个性格开朗属于胆汁质类型的老师，我的优点是对工作充满热情，喜欢为孩子创造一些展示的平台，缺点是做事大条，没有长期规划。通过沉浸式的工作，在积极参与申报课题、主动申请上公开课的途径中慢慢地磨炼了我的心性，做事高瞻远瞩、制定长期目标、完成目标这些都慢慢落地了。热爱工作是成就自我的最好底色，我每天愚直地、认真地、诚实地对待工作，我发现有时在一瞬间就会萌生好的工作方法，然后付诸实践，这些一瞬间的灵光，我都相信是热爱工作所带来的。

二、神明是上帝对努力人的特殊庇护

神明是我们专注工作到极致的情况下出现的，这并不是迷信的说法，就像书中稻盛和夫在研究自己的产品出现问题的时候，忘记了吃饭、忘记了睡觉，他始终认为自己的产品是有灵魂的，就像人一样有喜怒哀乐，他把自己的产品当成自

己的孩子，当研发的新产品出现了重量变形问题，他就抱着产品睡觉，发现在不同时段、不同温度下产品的变化。由于他的痴迷与忘我，最后找到了解决问题的方法。这就是专注工作为他带来的神明庇护。在我们的工作当中，是否有过抱着工作睡觉的念头？当遇到一个棘手的问题学生，我们是否倾听到了孩子的呐喊与哭泣，是否把他们当成自己的孩子？如果是，我们也会有神明的庇护，也会感动上帝，会成为孩子的贵人。

三、创新是我们不亚于任何人的努力时产生的"化学"反应

创新并不是一个宏大的话题，它建立在我们像犟龟一样一点点努力地工作中，持续地在自己的工作领域精进，然后付出150%的努力，创新的火花就会迸发。在我们的生活中，人大概分为这三种类型，第一种是点火就着的"可燃型"的人；第二种是点火也烧不起来的"不燃型"的人；第三种是自己就熊熊燃烧的"自燃型"的人。我在工作中属于"自燃型"的人，从来不是等别人吩咐了才去干，而是在别人吩咐之前自发去干的主动积极的人。我清楚地认识到了这一点，即使在工作中有点笨拙，通过持续地精进，我相信铁树也会开花。目前，我精进的领域——班主任管理，我自己制定了目标，分解成每天完成一篇文章写作，坚持读60页的书籍，努力做到每天听两节班级管理课程。在自我的推动与"自燃"下，我又积极向各种杂志投稿，我相信持续努力会有好事发生。

四、利他是我们做工作的最佳生命范本

稻盛和夫曾在80岁高龄的时候，不要任何报酬地帮助日航复活起来，有人曾问稻盛为什么这样做。"为社会、为世人做贡献是人最高贵的行为。"这是稻盛牢固不变的人生观。不得不说稻盛和夫很了不起。对照稻盛我们怎样将利他落实到自己的工作中呢？依据自己的实践，我认为可以从以下几个维度来实施：

第一个维度以做好自己的本职工作为起点。比如你是班主任，是否把班级管理得井然有序？当班级出现问题时，是否会主动向内找原因，少发牢骚，不向其他同事传递负能量？当你是一位任课老师，是否上课不拖堂，让学生有充足的时间为下节课做准备？当你是一位年级长，是否在学校中层部门布置任务时精准把

控好每一个细节，不给年级组内老师添加解读信息的困难？

第二个维度从孩子的长远发展谋划。如果你是一个小学班主任，是否主动为学生研发时间管理、研发好习惯养成的课程，让孩子在小学阶段完成应该达到的指标？我们及时督促孩子，不要等到孩子升入初中，初中老师认为是小学班主任没有责任心导致的。如果你是一位任课老师，要认真研读本学科课程标准，熟知小学阶段应该完成的目标，而不是想当然。如果我们每一位老师都有这种为孩子长远发展的利他行为，祖国未来的花朵会越来越优秀。

第三个维度对于问题孩子的处理办法是否站在家长的视角帮扶孩子。作为小学班主任在工作中难免会遇到问题学生，我们应该想办法去帮扶孩子，去帮助家长，为家长稀释焦虑，与孩子建立心理联结，三方同心协力，问题孩子才会越来越少。

稻盛和夫认为人一生成功的衡量标准并不是取得多大的物质财富，而是从精神层面改变自己的认知，做人要有正确的思维方式，热爱、神明、创新、利他这些都是正确的思维方式。人生·工作的结果 = 思维方式 × 热情 × 能力，这个人生观方程式是稻盛和夫的总结，我非常赞同，同时觉得很震撼，思维方式如果是负面的，那我们的人生就是负值，能力有强弱，我们可以通过1万小时的刻意练习来习得，认知决定行为这个道理在方程式里表达得淋漓尽致。

从今天开始专注于工作，保持正面思维方式，保持热情，付出不亚于任何人的努力，我们也可练就自己的成功范式，成为圈内高手，主动建设，持续努力，将"平凡"变为"非凡"。

先给自己开刀，再为学生治病

——读《班主任工作漫谈》有感

十一年前，刚入职的时候我读过魏书生老师的《班主任工作漫谈》，当时读得囫囵吞枣，因为缺乏实战经验，只知道理论，不懂得如何做到。一本好书就如一位相见如故的朋友，不早不晚，刚好又遇到。

带着 11 年的实战经历，我再次拜读了《班主任工作漫谈》，这次阅读带给我不一样的心路历程。

一、班主任要练就积极乐观之身

魏老师说，世界也许很小很小，心的领域却很大很大。班主任是班级的灵魂人物，他操盘着班级的走向。班主任要培养自己的积极思维，遇到难管的学生，少埋怨环境，多思考教育学生的方法。对犯错误的学生，要具备挑动学生自己斗自己的本领。不管学生多气人，多淘气，当他站在你面前时，就要坚信他内心深处总会潜藏着你的助手。你要穿过学生那使人生气的表情，看到他那广阔的世界。班主任不要做批判家，要做欣赏者，欣赏学生的长处优点，以儿童为中心，为他们量身定做成长的大道。班主任的乐观会影响养成学生积极向上的心态，班级情绪流动畅通无阻，班级氛围就更和谐安定。班主任要做定位准确的心灵照相机，是指在有光芒的那一面的，阳光照进教室的每个角落，滋养学生，也营造了温暖的场域。

二、班主任要爱学生，更要会爱学生

我们知道没有爱就没有教育，有爱就有教育吗？不是的。爱是教育好学生的前提，爱是学生与老师双边的关系，当老师关爱并尊重学生时，这种爱与尊重会直抵学生心灵，学生可以接受并能感知到，他就会信任老师。当学生信任老师以后，老师接下来再对学生进行教育就很容易了。接下来，面对不同问题的学生如何教育是我们头疼的事。

魏老师说，每个孩子心中都藏着两个我，一个是做好事的我，一个是做坏事的我。他们也不想做坏事，只不过自制力差而已。我们老师要挑起学生做好事的神经、做好事的价值感去表扬，少批评，少指责。

对于做错事的学生怎样"惩罚"，魏老师为我们提供了几个策略：1.做错事，写说明书（我们平时就让学生写检讨书，从字面意思一看，就带有批判的味道）。2.犯错误，写心理病历（发病名称、发病时间、发病原因、药方等都是学生自己写的）。3.犯了小错误，罚唱歌。4.犯错误，做好事。

我认真思考了这四个方法背后的逻辑，都符合马斯洛需要层次理论。学生做错事，本身自己就觉得羞愧，如果老师给予打压，学生可能会觉得我就犯点错误，至于大惊小怪打压吗！另外，批评学生会让他们失去价值感。一个价值感低的孩子，会觉得什么都无所谓，并且还会破罐子破摔。班主任在面对学生的问题时要反其道而行之，多用一些变相做事的方法，挑动起学生向上的神经，给学生尊严，不仅爱他们，还要让他们拥有爱的能力，这才能够聚合学生的能量，打造幸福班级。

三、培养做班主任的专有"性格"

书中提到班主任的性格是复杂多样的，对班主任的性格提出了保底要求。班主任的性格情绪特征应该是稳定的、含蓄的、不易暴怒的。班主任的性格意志特征应该是坚韧不拔的、百折不挠的。班主任对现实生活的态度是正直、诚实、富有同情心的。班主任对自己的态度是自信、自强、自尊、自爱的。班主任对工作的态度是勤奋、认真、细致且有首创精神的。这些提法，我感觉虽然不苛刻，但也不是轻易能达到的。

平时的工作中，要刻意练习平复情绪的方法，先管理好情绪再处理事情，多用理智脑处理问题。性格意志坚韧不拔借助小步子原理，为自己制定小目标，每天进行微雕，时间长了，就达成了大目标，进而培养了意志力。班主任要多挑重担，储备自己的能力，增强能力。人的能力是工作逼出来的，铁肩膀是担子重压出来的。多读班主任专业书籍，站在大师的肩膀上创新，既立足理论又高于理论。

魏书生老师是一位大先生，他懂得学生的心理镜像，对教育有悲悯之心，每天都在想着大问题，做着小事情。在班级管理中，他用凡事与学生商量打破沟通的壁垒，用尊重与自由为学生开拓了成长之路。于此，我要用吸收的态度进行学习，重塑自己的班级管理之道，先拿自己开刀，再给学生治病。

读完它，我感动了 N 次

——读《优秀班主任悄悄在做的班级管理创意》有感

屋檐下几声鸟叫，窗纱旁一阵阵滴答声，下了一天的雨。

我坐在办公室如痴如迷地读着《优秀班主任悄悄在做的班级管理创意》，我被苗旭峰老师的智慧所牵动。从上午 7 点一直到下午 4 点，我一口气读完了整本书！

8 个小时，我一直在随苗老师的教育轨迹，心情跌宕起伏，久久不能平静……

很多场景似曾相识，好像我就在现场。苗老师的处理充满智慧，而我都是草草了事。此书让我回溯了很多与学生的故事，看苗老师讲兵兵、海超的故事，我脸颊划过一滴滴眼泪而不自知，我感叹现实无论多么复杂，苗老师一直守候着她热爱的教育。

张文质老师说教师是个复杂的职业，因为教师要关注学生的一切。我感到苗老师在做事，是一直抱着利他思维，用唤醒的方式去工作的……

利他的本质是爱，而利他的结果却是"爱出者爱返"；

唤醒的本质是相信每个人"本性具足"，适时点染，便能推动。

用这样的方法，苗老师打造出了一个又一个暖意融融、朝气蓬勃的班集体！

苗老师可谓深得爱的真谛。

学期初，苗老师就用这样的德育预设去唤醒：

给学生写信，为初步建立师生情感打下底色；做调查问卷，涉及孩子生活的全部，全方位了解学生。这样的唤醒，犹如讲好故事的"钩子"，钩子有了故事的骨架，脉络很快成型。

见学生的第一面，给学生拥抱。我也曾与学生拥抱，而我只知道拥抱会使关系亲近，却不知道拥抱这个细节可以看出哪些孩子缺少关爱、平时与父母的关系够不够亲密，这些都是苗老师的洞悉观察。

学期初，给家长写一封家书。苗老师的家书传达了自己的教育理念，就当下家长的教育困惑给出了专业的方法。这样的班主任谁不爱啊，心思细腻，做事情做到家长心窝里。唤醒家长对孩子的关注和对学校教育的配合，而我却从未有这个意识……

"精神原型"这个心理学词汇，是我在苗老师书里第一次听说的。为了唤醒学生的成长内驱力，苗老师引导学生从榜样中汲取力量，进行职业规划。

我也给孩子们讲"长大以后做什么"，有十几个孩子说要做主播，他们的理由是可以赚更多钱。下次再讲这个话题时，我可以引导学生找找他的偶像有哪些优秀特质，他们都从事哪些职业，成为他们要通过哪些努力，这样孩子在写自己的工作意向时会有更多考虑，是否符合社会价值观。

班级物质文化建设，苗老师围绕"美"这个字一线串珠，把平时我们说的黑板前面的公告栏、班级墙内外文化等，都提炼成了"美之标""美之规""美之星""美之秀"。以此唤醒孩子们对美好环境的维护，培养初步的审美能力。

班级精神文化建设，苗老师为孩子开创了"生日文化""形象文化"，从感性到理性都在唤醒、培植一个孩子的精神画像。

这些，我都随手记录在了笔记本上，作为以后写文章时查阅的关键词……

人的幸福从哪里来？从掌控感来。苗老师奖励学生，任务只要完成，剩下的时间可以自己支配。让每个孩子成为"时间的富翁"，唤醒学生对时间的掌控感，从"要我学"变成"我要学"。我同样也用过这样的方法，但是我想得不够深入，从没想过时间由学生支配就叫"幸福感"……

苗老师笔下，孩子的幸福洋溢在脸上。她护孩子周全，给他们价值感、安全感。

开设海量阅读课程，她不肯制定烦琐的借书制度，为的是提高图书的打开率，决不为"物"负责而站到"人"的对立面。孩子把图书弄丢怎么办？通常班主任会要求学生照价赔偿。

然而，这些根本不在苗老师的考虑之列。丢了就丢了呗，她是那么洒脱！——

向苗老师学习，以人为本，为人负责而不是为物负责。

当下我与孩子们正在办班级日报，取名为"杏小小日报"，刚刚开张 5 天，报纸的内容都是我从孩子写的日记里选用的，目前，我发现了问题，写得好的就那几个学生，其他的孩子都没上报的机会。

看到苗老师为学生办的"作文之星"，也遇到过同样的问题。苗老师是怎么解决的呢？她又创办了"致远晨报"，设有"一周播报""班级趣事""励志人物""聚焦热点"等栏目，这样一下就唤醒了更多孩子的参与热情。

我瞬即想到了好主意，"杏小小日报"可以开设"班级播报""榜样人物""劳动达人""佳作欣赏""一日金句"版块，这样每天会有一半的孩子上报，苗老师的实践闪烁着智慧的光芒，引领我把"杏小小日报"打造成精品。

平时有很多班主任问过我，班干部队伍如何打造，我几乎都是从"术"的层面跟同事们说，步骤大抵为：班干部遴选、班干部培训、班干部集会等。可苗老师说，班干部就是服务他人，影响他人。我一下明白了，这就是认知决定行为！

想让班干部为班级服务，就要先占领他们的思想高地。班干部如果遇到班级问题，碍于同学情面，把原则放在后面，班主任要让班干部懂得"人情不能大于原则"。还要达到教育一个影响一大片，纠正不良风气的效果。

很多老师都困惑班主任如何与任课老师拧成一股绳，苗老师却引导学生发现任课老师的好，动笔写出细节来，让学生给每位老师写颁奖词，把任课老师推到舞台的正中央，给他们戴红绶带，送拥抱。这是多么动人的场面，因为每个人都渴望被看见。这些小细节都彰显了苗老师对同事的尊重，这些方法，我们都可以如法炮制。

教育需要悲悯之心，一线老班经常会遇到学生犯各种各样的错误，我们通常是把这个问题解决掉就以为完满。当我们埋怨孩子会一而再再而三地犯错误时，作为老师的我们是否反思过自己的教育方法是否妥帖？苗老师的一句话一下点醒了我：犯错误的孩子，我们要唤醒他心中的好孩子。

如何唤醒？反倒要用表扬，让孩子学会用高尚的我来战胜卑下的我。苗老师不会给孩子做道德评判，而是与孩子共情，让孩子看到自己成长的力量，做一个治愈系的老师。

所谓"治愈"，就是有容错的胸怀，能够无条件地接纳孩子，讲究"恕道"，宽恕无法改变过去，却能改变未来。并给孩子营造一个安全的语言环境，让孩子实现自我教育，在受过伤的地方长出坚硬的翅膀，拥有飞翔的力量。

这些教育的智慧我都深刻地记在了心里，一次次反刍自己的班级管理。我想以后面对孩子犯错，我的态度会重新启动……

窗外，雨阑珊。我内心的波澜却依然。我梳理了思绪，对此书为何情有独钟？因为苗老师的故事勾起了我对教育的敏感，苗老师的文章如细雨洒落我心底，让我一次次弥补了认知盲点。

我真心推荐这本书，这真的是一本实实在在教你怎么当班主任的书，如果你不知道怎么带班，就读这本书。如果从这本书里提取两个字谨记于心，那么，我认为是：唤醒！

苗老师走了很多路，她一直致力于成为更好的自己。她是一丛幽兰，以淡淡芬芳唤醒了我绽放的热情。

我努力与苗老师同行，成为一个灵魂有香气的人。在此后的教育生涯里，既芬芳了孩子们的岁月，也温暖了自己的流年……

我与《创造一间幸福的教室》，说说心里话

　　读一本好书，钻进别人的生活，对照自己的过往。教室是孩子学习和生活的基本场域，在李虹霞老师的笔下发生了许多故事，与学生的、与家长的、与儿子的，读每一篇故事都让我心中汹涌澎湃，而又踌躇满志。

　　有时候，我们被琐事缠身，无暇思考，每天都在麻木地应对各种"杂事"，备课时间压缩了再压缩，面对学困生总是陷入无力状态，无法从繁忙中抽离出来，让自己心如止水，好好思考当下的教学与班级管理的现状。我庆幸看到这本书，让我的脑回路得以重新"设置"，李虹霞老师对待教学的"公德"态度让我反省，这10年，我对学生知识的传授是不是在循规蹈矩，对班级的管理是不是充满智慧，有没有对孩子的未来负责。

　　看完这本书，我把李老师的沉浸式思考作为标杆，也跟随幸福教室的所有孩子去聆听李老师讲课。作为"旁观者"，我急切地想了解李老师是如何做真教育的。面对拼音，孩子为什么记不住，她不会归因于他人，而是另辟蹊径开创了"李虹霞拼音教学"新路径，融合音乐与口诀，有律动地教给孩子，在她身上，孩子们找到了学习的乐趣。

　　李老师经常说割裂的学习汉字，孩子的大脑没有形成知识地图，当然找不到学习的"新大陆"。学习语言的关键期要靠读书来铺就，用语言的洪流来开发孩子的思维，不能追求教育的短视——考试。班级读书周、班级博客、小古文学习、亲子朗读、绘本课程等都带着幸福教室的痕迹，孩子们在李老师倾心打造的书籍课程里沉醉，所以幸福教室的孩子都能创造奇迹。

　　幸福教室犹如一个强大的同心圆，中心是孩子，第二层是老师，第三层是家长，第四层是关心幸福教室的所有人。我们与幸福教室同呼吸，家长在幸福教室

的熏陶下，学会了朗读，学会了开通博客，学会了推己及人……他们为生活绘制了高品质的蓝图，就因为遇到了好老师——李虹霞。好老师就是孩子与家长的助推器，她引领孩子走向未来，她影响家长主动跟进。

幸福教室里有催人奋进的"幸福花计划"，有经典诵读的"才能学院"，有信任孩子的"金库计划"。这些好的点子激发了我的灵感，产假之后我梳理了提高看家本领的计划：第一，起始班级要留足两周的时间进行习惯训练（时间管控、上课规范、站队10秒、管控情绪等）；第二，备课思考把问题简单化；第三，制定班级读书计划（亲子朗读、师生朗读、生生朗读）；第四，及时告知家长教学思路以及班级管理理念；第五，建立家校协同机制（招募班级家委会代表）。

李老师把家长"召唤"进教室，没有什么奇招，都是真诚真心。这些"真招"让家长次次"叹服"，看完这本书的最后一个故事"幸福是可以传染的"，勾起了我的回忆。2020年9月，我第一次教一年级，为了不掉队，我想了各种办法，自费买专家课，听完后自己练习试讲，对待一年级"泛灵化"的孩子，我就向同事学习班级管理方法，我知道小学阶段，阅读是必不可少的，我就发动家长一起托举孩子，举办了30多场读书交流活动。

那一年我们的家长是真的给力，只要我推动大家，他们都是事事有着落，件件有回音。之后由于班级重组，我们分开了，但是我依然感谢他们。读完这本书，我在原来的班级微信群给所有家长写了一封信：

挚爱的战友们：

接近一年的时间，没有在此群与大家互动了，甚是感慨与想念，值此六一儿童节之际，何老师想与大家分享我看到孩子们的变化：

第一，腼腆的孩子找到了成长的支点。比如我看到彭一卉在国旗下的大方表现，心里甚是开心，那场面在一（5）班从未看到。翊帆数次被安排参加大型活动，我知道是娃的内在驱动力一直助推着她前进，何老师一直关注着。艺凡的绘画技能在新的班级被看见，并给予"挖掘"。姝萱多才思，在二（4）班，魏老师给予了高度评价与认可。

第二，从幕后到台前的转变。比如夕文之前没做过班干部，现在在杨老师的班做副中队长，做得不错，时常听到杨老师在办公室夸赞。祥宇和佩泽在黄老师班里一向是班级的佼佼者，深得黄老师喜爱，有男子汉气概。翰墨在二（4）班做了小干部，"大条"的习惯也慢慢改变了。怡宣依然是班级痴迷读书的孩子，她读过的书籍一定会垫高她的人生。冠宇一改羞涩的气质，开朗的坦途逐渐在他身上被看到。卓兮在新的班级时常被老师夸赞为"多面手"，无所不能，当然我知道卓兮妈妈是下了苦功夫一直陪伴着娃的。睿轩一直高标准地要求自己，是魏老师口中的"一休"。天钰懂事憨厚，是同学们眼中的好伙伴好朋友，值得一生为伴。

第三，每一个孩子都是一个富足的金矿。泽林去了新班后时常在就餐的时候与我打招呼："何老师好。"有时饭后跟在我后面做我的"小尾巴"，我知道是孩子喜欢我。嘉轩一如既往地帮助钟晨添，经常把"晨添干什么去了，我得去找找"挂在嘴边，这是孩子善良的行为表现。韩翌宸每次从走廊到厕所的小道上悄悄地瞥我一眼，我知道这娃想见我一面。芯羽每次在课间游戏的时候都会围在我身边，默默地听我唠叨，我知道孩子习惯了"何老师的大嗓门"。倪若萱在二（4）是老师心目中的天使，品质闪亮，也是何老师羡慕的仙女。唐槿雯具有男孩子的气魄，所以经常被老师安排干活，活干得不赖。陈宸中队长的气质在新的班级表现得一览无余。熙宇吃饭快了，爱笑了，朋友更多了。亦恬成了班级的优秀生，懿轩比以前安静多了，有时在餐厅吃饭，我就会上前和他说话。佳铭也长大了，轮滑滑得更"天马行空"了，何老师期盼你多吃点，长大个，成为男版"谷爱凌"。圣贤学富五车，林琳老师经常问我怎么把他培养得这么好，"家长给力"是我的回答。嘉翔和妙凌爱说爱笑了，何老师看到了他们未来优秀的模样。柯欣在新的班级用自己的勤奋，逐步崭露头角。尹莜雅是黄彬彬心中最踏实肯干的娃。吴霖一步一步地在努力改变，赵老师一直很喜欢他。紫祎一如既往地踏实肯干。郑哲深得黄老师喜爱，娃的魔术在班里吸了不少"粉丝"。仁彧的气质变了，变成了关羽的代言人了，在他的班级听课，觉得娃思路开阔了。李烨和钰堃都是班级的领袖人物，敢作敢当。楷书做的每一项工作都对自己高要求，高标准，高目标，赵老师对孩子有一车的"褒奖"。

2020与大家在一起，共同打造了一间幸福的教室，幸福的味道一直荡漾在心中，这份幸福是你们给予我的，值此六一之际，感谢我们的大朋友们。这一年聚少离多，每一个孩子都在无声地成长，只要何老师能抬手给孩子搭建平台的，我就会不遗余力，因为我知道一个孩子就是一个家的希望，我也知道，我是什么老师，我的学生就是什么学生，我的家长就是什么家长。

分班之后，我们的家长做得极好，给孩子们树立了好榜样，今后我愿与大家一起为孩子弯腰，与他们站在同一高度，给自己一个站立的弧度，让娃在这个世界昂首挺胸！最后还是那句话，以后有事你说话，我们是幸福的一家人！

我有这样一个梦想，产假回归到工作后我一定会落地实施的是，写一本自己班里的故事，让家校连心的幸福在时间的长河里流淌，我想那一定很酷。

"生命在场"是对教育最大的尊重

——读《教育是慢的艺术》有感

最近两天如饥似渴地读完了张文质老师的《教育是慢的艺术》，这本书不同于之前看的书，它妥妥地呈现了张老师外出的演讲语录以及一些对青年教师的答疑解惑。

阅读之前，我对张老师有些许了解，因为看过张老师的《父母改变孩子改变》《奶蜜盐》，而且每天都在听 8 分钟的"文质说"，觉知张老师对教育的洞察非常细微，我对张老师的每一本书都充满了期待。

读完了《教育是慢的艺术》，我最大的感悟是我现在的教育教学很多方面都背离了教育的"初衷"。教育是人学，它教育人、约束人，按照人的成长节律来教化人，而不是简单粗暴地对待人。

在阅读的过程中，我一直反思自己的教育教学，虽然自己是有经验的班主任、语文教师，但有时面对学生的问题时，心也静不下来。手头的工作堆积如山，学生的问题接踵而来，面对快节奏的工作与育人的慢节奏，追求教育学生立竿见影的心思也常常闯入我的内心。当下的繁忙与学生问题的剪不断理还乱，有时我也会有一种撕裂的无力感。

张老师用眼前教化问题学生的例子，警醒我要慢下来做教育。教育不是工业，不追求多快好省，学生不是产品，都要求整齐划一，教育是人学，是关系学，教育要关注每一个，要用"生命在场"与每个孩子对话。

我一直出现这样的困惑，之前在我的文章里也多次呈现。

同学之间发生矛盾，我一般不去过问，都是引导孩子们自己解决，我发现他们之间发生冲突，几乎所有的孩子处理的方式就是双方道歉，一句"对不起"就完事了。开始我还傻傻地认为，这也不错，可以彼此道歉，相互化解。

后来，我被现实打脸了。相互道歉的孩子越来越多，产生矛盾的孩子也越来越多。他们内心认为，犯了错老师不就是让彼此道歉吗？代价也不高，以致犯错的越来越多。

症结出现在哪儿，后来我找到了，我没去引导他们下次怎样避免犯错。孩子们出了错，我的整个状态是游离的，忙我的，让他们自己解决。我需要与犯错的孩子一起，就当下的问题怎么避免，进行深度探讨。也就是张老师提出的生命在场，所谓生命在场，就是当时当下，我眼中有学生，看见他们，共情他们，与他们保持统一的情绪与温度，与他们一起探寻解决问题之道，全身心地投入，关照他们的身心。

结合张老师的"生命在场"，加上最近我又在学习郑学志老师在矫正问题学生用的"结构化提问"（1.你们之间发生了什么？ 2.在这次事件中你的感受怎样？ 3.这次事件你有哪些经验或者教训？ 4.下次遇到这样的事情，你会怎样做？），双管齐下，孩子们的犯错次数少了。

书中还有一个观点，引起了我的另一个思考。张老师说，教育要扬长，不要总是避短，你花费很多年在避短，你的长处依然在那，短处也没补齐，这不白费力气吗？我感同身受，于学生、老师而言，都要扬长避短，发现学生的长处促进他们的自我效能感，让他们价值感爆棚，进而促进短板的补给。

老师自身找到长处，深挖一口井，经年之后，也会有一番小小成绩。人啊，不能盯着自己的缺点不放，特别是老师，要多盯着学生的优点，与学生同频，为他们搭台子，创造机会，带他们找到那个更好的自己。

这本书，就是很好地提醒教师教育是慢的艺术的生命范本，书中有很多张老师关于教育的想法，更多地提醒我们教师眼中要有人，有学生，不要急功近利。

书中讲到了当下最热的"课改"问题，很多老师被"课改"带偏了，认为"课改"就是改课，这是对"课改"的误解。为什么要"课改"，之前的教育注重知识的传授，忽略了学生的生命在场，很少关注学生学的方式、学的程度、学的障碍，由讲死知识转变为教学生活知识，教活人活知识，这与张老师提出的生命化教育是相吻合的，无论怎样"课改"，课上要关照人，课下要爱护人，关心儿童的生命安全、心理安全。这也与新课标提出的关注学生的核心素养契合，注重学生必备品格与能力。

对一线教师来说最头疼的就是，希望自己专业成长又渴望学生素养提高。张老师说，一个老师要有远见，要有持续读书的动力，走出去的勇气，要有向外赋能的机会，也就是老师要通过专业阅读、专业写作、专业交往，来改变自己被遮蔽的眼光。要努力为自己创造学习的机会，多一种经历、多读一本书，增强一份生命的强度，对自己从事的工作也多了一份从容和自信。

让学生对你有知识的折服、道德的肯定、情感的依恋、精神的敬仰，所以老师改变吧！

老师改变学生改变，改变自己是成长，改变别人是现场，改变了自己，当下的一切也就顺了。

教育需要悲悯之心，教育需要慢下来，再慢下来，教育需要生命在场，教育需要平心静气，教育需要自我赋能，教育需要关注每一个学生。教育需要想大问题做小事情。教育要用最初的心做永远的事。

我资历尚浅，没有从纵深处挖掘本书内涵，结合自身谈了感受。诚挚呼吁大家去读一读能带给你精神引领的《教育是慢的艺术》。读完，对教育会变得柔软起来。

读《教育中的积极心理学》有感

这本书的封面上有这样一句话："当我们聚焦于积极面的时候，我们就看到了进步和希望。"我被"积极面"三个字定住了，于是开启了对这本书的阅读之旅。

每一个人的内心深处都存在着两股抗争的力量，积极力量和消极力量，这两股力量就像太极中的阴阳两极，此消彼长。所以，作为教师，应该学一点积极心理学知识，努力给自己注入积极的正能量，做一个幸福又完整的人。

如何做一个幸福的老师，从脑科学研究开始，我们知道人脑发展具有关键期，这个关键期被称为"机会之窗"，一旦机会之窗关闭，原本用来完成信息输入功能的脑细胞或被剪除或被调用执行其他任务，比如 5 岁左右是语言学习能力的第一个关键期。在此提醒老师，这个时候适合为孩子建构好的语言链接。杏仁核对情绪起到重要调节作用，教师要帮助孩子认识情绪、识别情绪、调控情绪，学生才可以获得积极的情绪体验，这样才能够更好地提升学习效率和创新能力。教师的人生与学生的人生紧密相连，教师努力寻找教育教学的乐趣时，必然能够给学生的人生带来更多愉悦体验。

经常有老师抱怨现在的学生太难教——上课不好好听，下课爱捣乱；更有老师自嘲，每天踏进校门就气不顺，这么下去至少要少活 10 年，为什么会这样呢？现在很多老师对学生的评价标准都很单一，且只以成绩论"英雄"，眼中只有高分学生，却看不到后进生的优点。所以教师的人才观、学生观、评价标准都需要重新思考和定义。看到后进生积极的一面，让他们有更多的积极情绪体验，会更快更主动地回归"正道"。教师的存在价值就是为学生播种幸福，有研究表明，一个人是否幸福，50% 取决于遗传，每个人天生都有一个幸福的范围，这个范围就像恒温仪一样，积极心理学认为，遗传和生活环境留给人们有所作为的空间较小，所以我们把提高幸福感的重点放到人体可控的行为上。我们面对学生时，少批评多表扬，控制自己当下的情绪，让愉悦的心流体验布满身心，幸福流这种高峰值体验也会随之而来。它是人生活中的最优体验。

师生关系的教育功效——陪伴成长，积极的师生关系可以让学生产生沉浸式的幸福流。如何做，这本书中告诉我们，接纳与尊重是建立师生关系的重要因素。人本主义心理学强调对人的无条件接纳，在接纳的基础上尊重爱护学生，为学生创设安全的氛围，让学生充分表达自己，获得自我价值感。但完全接纳学生，不是无原则的迁就，同样要一视同仁。其次，聚焦学生积极正向的一面，指出学生缺点的时候，要以学生可接受的方式，不伤及自尊；发现学生取得进步时要及时肯定，并且让其他人知道，进而提升学生的自尊感和成就感！最后，与学生双向直接交流，倾听学生，了解学生。

人在成长发展过程中，最重要的是人际资源"他者"，人永远不可能脱离他人而活着，有人说现在的学生应对压力的能力越来越弱了，遇到困难容易崩溃，有些人就可以应对重大挫折。这些现象说明人的复原力与人际资源有直接关系。复原力包括自我效能、自我接纳、稳定性、问题解决、朋友支持、家人支持。这些因素既包括内在的保护因子，也包括外在的保护因子，培养学生积极乐观的品质，提高学生人际交往和情绪调节的技能，引导学生选择积极的应付方式，建构迎接挑战的能力和主动寻求问题解决资源的能力，对于提高学生复原力具有重要意义！

这本书中有很多治疗后进生的方法，比如绘画疗法、叙事疗法等，促使老师们去积极探索学生的心理，从根源上帮助孩子。

读一本好书，与智者对话，让内心深处积极的力量铺就幸福人生！

《解码青春期》值得拥有

这本《解码青春期》对于我而言就是一种未雨绸缪的准备，希望能够更好地做陪伴孩子成长的"罗德尼"。

很好奇"罗德尼"是何许人也吧？他就是作者的养父，把作者这样一个曾经生活暗淡、毫无希望的人，培养成了畅销书作家、青少年励志专家。秘诀是什么呢？一起从这本书中寻找答案吧。

第一部分是三种关键的思维模式。

第一种：青少年比看起来更需要你。青春期的孩子，表面上会对父母有些疏远，但其实他们内心是很需要父母帮助的。作者在书中用过山车的大腿压杆来做形容，孩子们总是不断地考验父母，以确定是否可靠。因此，我们做父母的需要尽自己最大的努力去帮助孩子。

第二种：游戏规则已经变了，因此，你也得变。"这世界上，唯一不变的就是变化。"相信大家应该对这句话都不陌生。随着孩子的成长，我们父母的角色也在逐渐发生变化。孩子小时候，我们是"空中交通管制员"，时时刻刻关怀着孩子的生活。但是孩子进入青春期之后，我们就要适时地调整角色，转变成"教练"。想要做好一个"教练"的角色，可不是一件容易的事情。书中讲述了优秀教练的特点、特质，并举例说明。最重要的一点，是要帮助青少年面对失败，并从中吸取经验教训。

第三种：你需要帮助。这里需要帮助的人不是孩子，而是指成年人。我们作为父母，一言一行都可能对孩子造成极大的影响。所以我们要学会避免一些"陷阱"，寻求身边人的帮助，努力做一个更好的自己。

第二部分是青春期的不同阶段。

书中将青春期按照年龄分类，列举了孩子们在"11-12岁""12-14岁""14-15岁""15-16岁""16-17岁""17-18岁"这六个不同阶段的关键词。通过详细介绍青少年的生活焦点，成人的作用，关键的行动，生理上、心理上的变化，人际关系上、情绪情感上的需求，让我们知道如何应对孩子不同阶段的不同需求。

书中有一点设计让我突然觉得压力倍增，那就是在每一个阶段的后面，印有一小段文字提示"距离高中毕业，大约还有……周"。其实孩子高中毕业之后，真的就离我们越来越远了。这一点我也是做了父母才理解到，孩子青春期的时候特别期盼着上大学，离开父母的约束。到了自己做父母的时候，又开始后悔没有多陪伴父母，中间少说也有十年左右的空档期。做父母的也同样，既不能让孩子觉得太受约束，又要让孩子觉得可依靠，永远做孩子最坚强的后盾。

第三部分是应对青春期常见的挑战。

这一部分列举了青春期中孩子比较常遇到的各种情况，告知父母如何帮助孩子解决问题。这部分内容也属于实操性相当强的，用作者的话说，是真正可以操作的策略。

青春期的常见挑战，作者大致分了五个类别。开篇就引用了一个失败的情景案例，在很多家庭也许这样的情景都是常见的。最后则用旁白点出了问题的所在，引出这本书可以教给父母哪些内容。

针对五个类别的详细问题，文章又分为挑战、你的目标、会发生什么、怎么办四个部分，一步一步地引导父母帮助孩子解决问题。

在社会发达的现在，孩子们所面临的问题可能远比我们知道的更多。书中有些问题看起来好像是西方社会才会有的现象，随着科技发展、国际互通，我们同样需要对此具备警惕性。

书的最后部分，作者还提供了一些资料，也是相当实用的。比如每个青少年都需要听到的8句话，我觉得有些话我们现在也一样可以告诉孩子。其他内容就不一一给大家转述了，对孩子青春期感到迷茫的家长可以考虑翻阅一下这本书，相信会有不一样的收获。

收到作家的签名书，我这样做（书评）

加入教师推动力课程之后，与普利辉老师相识是因为在微信上有了互动，但从未见过面，对普老师的初印象都是从"文质大课堂"的授课讲师那里获取的。张文质老师说普老师是中国教育脊梁式的普通教师，"脊梁式教师"这个称号让我对普老师充满了好奇又有一种高山仰止的敬畏。

带着仰慕想进一步认识普老师，恰逢在教师推动力语音分享的活动中，我与普老师建立了深厚情谊，这份友谊建立得让我措手不及。我记得在推动力语音分享第二次活动中，我担任主持人，当我即将要总结结束分享时，突然，有一个声音进来："稍等，何老师，先别总结，我发一段文字。"这是我第一次与普老师直接对话的场景，可是这次对话由于我主持得太投入，忙着对着语音筒发语音总结，我的总结与普老师的这段文字完美错过。我以为就这样结束了与普老师认识的机会（我对普老师很敬畏，不敢轻易打扰他），心情有点复杂，手机里却突然看到普老师主动加我微信，我受宠若惊，先与普老师寒暄之后，又说了一声："抱歉，您的信息我没及时回应，我看到时主持就结束了。"普老师压根没提这事，他直接跟我语音，夸奖了我一番，说我主持得好，文采不错，进而又补充了他发信息的目的，就是想表扬我们几个担当分享的伙伴。就这样我与普老师搭上了话。当时我不知道普老师"潜入"在群，后来得知普老师"潜入"是为了学习。

之后文质课堂专门为普老师举行了新书推荐会，我记得那次推荐会时长接近3个小时，普老师的真容出现在了屏幕的那头，他面部黝黑，眉宇间有一颗痣，但目光澄澈，谈吐朴实。看着普老师我联想到，就是这样一位普通的教师扎根农村25年，在大山深处的小学校里为学生传递着最可靠的知识，为即将辍学的孩子带去最有能量的帮助，一边教学一边走访每一个学生的家。

25 年是人生的三分之一，普老师做着平凡的工作，但是这 25 年他没有因为自己是农村教师就对自己降低要求，反而对自己够狠，每天精进自己，想各种办法获得最前沿的教育理念，还出了一本新书《一线教师如何快速成长》。

普老师的新书推荐会结束了之后，我就立即在网上下单买了此书。后来我主动给普老师发信息，祝贺他新书的出版，同时我也为普老师推荐了很多软件，是为了让更多的教师看到普老师闪闪发光的人生历程。而经由普老师推动，更多的乡村教师走向了专业化道路。

后来看到普老师的新书发布文案，我就积极在自己的微信朋友圈转发，普老师这种热气腾腾的工作态度值得大家效仿学习。有一天，普老师发过来一条信息："何老师，把地址电话发过来，给你寄送我的新书。"说实在的，我很激动，没想到我心中的"角儿"给我寄他亲手签名的新书。我当时拒绝了，不仅仅因为我已经下单购买了，更重要的是普老师的新书值得付费购买，这不仅仅是一本书，它承载着一位山村教师 25 年的奋斗图景，它是很有分量的。普老师很直接地说，你买的送给同事，我送的你来读。我没有再推托。收到普老师的书后，我小心翼翼地拆掉快递，这是我第一次收到作家免费送的亲笔签名的新书，我很珍惜。这几天事情很多，我都安排在了后面，把阅读普老师的书看作最紧急最重要的事，就是因为普老师能看得起我这个小老师。他对我的信任让我感动。

用了两天时间看完了此书，看这本书时我进行了勾画与分类。我把普老师经常用（包括引用）到的金句进行了梳理。

金句 1：想都是问题，做才有答案。

金句 2：问题即课题，反思即研究。

金句 3：我相信"相信"的力量。

金句 4：让教育写作成为一种习惯。

金句 5：对灵魂无限爱护，对错误零度容忍。

金句 6：学习是教师最可靠的"减负"途径。

金句 7：教育就是一位爱读书的校长和一群爱读书的老师，带领着学生一起读书。

金句 8：管理不是学出来的，而是做出来的。

金句 9：我们不能扭转季节，但我们能够努力营造局部春天。

金句 10：不把"反常"的学生教给家长。

金句 11：倾听"四大法宝"，用"眼睛"倾听变化、表情和肢体动作；用"心"倾听感受、需求和渴望；用"王"倾听美好的品质、优势天赋和闪光点。

金句 12：平时不闻不问，问起来没完没了。

金句 13：学生犯的任何错误都有其存在的合理性。

金句 14：成全自我的最好方式是帮助他人。

金句 15：情绪控制的"四步法则"：停、感、问、选，分别对应的是停止反应，感受身体的真实反应，问问自己是什么没被满足，适合选择的行动，接纳不能改变的，改变能改变的。

金句 16：感情不能取代教育，但教育必须充满感情。

金句 17：专业阅读，站在大师的肩膀上前行，走得更远；专业写作，站在自己的肩膀上攀升，走得更高；专业交往，站在集体的肩膀上飞翔，走得更长。

这 17 个精句是这本书里所有精句的一个缩影，其实还有很多，不再列举，大家买来读读就会看到书中闪亮的智慧。

看了这本书我对普老师有了一个全面的了解。普老师是彝族人，中师毕业，他不满足于自己的学历水平。担任教师后，他一边任教，一边深造，后来取得了汉语言文学专业的专科与本科毕业证书。他喜欢听樊登读书，我与普老师有同样的爱好。普老师的工作现状让我惊讶，山区贫困，除了教学以及担任科研工作之外，他要忙于下村，忙于控辍保学，忙于人口普查。他的这种工作量让人无法想象，还要做一些牛马不相及的事情（如人口普查等）。可以确定的是他做的这些事很艰难，农村家长文化程度低，需要老师下大力扭转他们的教育观念。（因为我在农村做过三年特岗教师，对农村家长有所了解，但是普老师所在的山区是我不曾了解的，无法想象的）即便在这种外部环境下，普老师也没有被吓到，不但没被吓到，他反而越发"勇猛"，选择了一条专业发展之路，用以改变身边困境，实现了"破圈"成长。

他不会做课题就自己买书模仿，主动参加他们州的教科研，不知道看了多少书，模仿了几次，失败了几次，确定的是他成了州里第一个成功立项的老师，他总结了做课题的经验给老师们推广分享，他打破地域的限制，加入了很多专业共同体，对他影响最大的是新网师和文质大课堂，普老师这本书里引用了新网师教师发展的"三专模式"（专业阅读、专业写作、专业交往），激励每一位老师要拿起来、用起来这"三专"，才能实现更好的自身成长。文质课堂对他起到精神引领的关键人物是张文质老师，在书里普老师诚恳地表达了对张老师的感谢，从张老师身上学到了——成全自我的最好方式是帮助他人。有了重要他人的引领，普老师变得越发自信，虽然已是高级教师，普老师依然继续学习充电，在教育行走中主动担当，承担即成长是他做事的风格，《一线教师如何快速成长》可以说就是在张文质老师的推动下慢慢生发出来的。

此书内容对我影响最大的是普老师敢说实话，敢说真话：为什么会有越来越多的学困生出现？为什么学生不喜欢写作文？为什么老师只爱教书不爱看书？为什么老师在课堂上不会提出有挑战性的问题？等等，普老师一针见血地提出教师要反思，教师求内发展才能慢慢改变现状，既然选择这个行业就要对得起学生、家长、自己。

我们无法像于漪老师那样把教育事业当成命业，我们可以选择每天进步一点点，拿起书的那一刻你就慢慢地走向了专业化道路。先做起来，再做精彩。

在普老师书里我看到了7年前在农村教学的自己，物质匮乏，交通不便，信息闭塞，身边的老师安于现状的居多，自己踏实肯干反而活成了"另类"，所以我选择了到他处从教，在普老师身上我没看到这些，我觉得普老师身上有一种对土地、对山村教育的无限热爱，让他变得更加纯粹，海明威说："优于别人，并不高贵，真正的高贵是优于过去的自己。"普老师做到了，他的新书就是他优于过去自己的最好见证。

虽然普老师出版了新书，但是我时常看到他在微信朋友圈发布不断"折磨"自己成长的动态，普老师不是出版了新书就结束了自己的职业生涯，持志如心痛，普老师做事的志向，向世界敞开，他带着痛处坚持，即使成了"角儿"，还持续地接受现实"挨打"，普老师在书写自己人生的另外一个版本——成为教育飞翔者。

我与《一线教师》的对话

　　我第一次认识管建刚老师是在区里举行的一次讲课活动中，听了他的一节作文课，被他的幽默风趣吸引了，那时我就下单买下了他写的所有书籍，《一线教师》就是其中一本，之前拜读过，没有好好消化，看得稀里糊涂，利用这个产假我再次盘点这本有点陈旧的书，深深地"痴迷"了。

　　之前，我在看过的几本书里了解了管老师的经历，他经过商、做过村小教师，从教 7 年的时候就出了一系列作文书籍。十年磨一剑，凭借对作文教学的深入研究，他成了特级教师。怀着对管老师的崇拜，顺着《一线教师》10 个手记目录开启了我与管老师《一线教师》的对话。

　　对话一：手记一，一线"作业学"。对于孩子的作业，我之前只是一厢情愿地认为，布置了作业、批改了作业、学生订正了作业，这三步曲完成了就万事大吉了，在这本书里这"三步曲"只是常规动作，还有一些精细化的进阶动作，从建立作业竞赛小组，遴选组长，与作业拖拉学生签订合同，作业与考试"联姻"等一连串的小目标相关联，才可以稳稳地打牢学生的作业制度。

　　对话二：手记二，一线"纪律学"。我不止在一篇文章中说过自身的缺点，与学生谈话交心，发现其优点，这些我都做得游刃有余。谈到学生的纪律有时是东一榔头西一棒槌，我知道这与我的红色性格有关，善于交谈，开朗热情，但有时说出的话题收不过来，语言焦距感差，自知有这个缺点，我就想办法克制它，在与管老师的《一线教师》对话里，我找到了良方。学到了学生的纪律必须从一而终，全面抓、抓全面，要一点一点地抓，学会抓早读、抓进班、抓站队，学会培养自己的管理人员，利用"水桶效应"激励班级纪律的"最短"学生，使用攻心计规定所有人的纪律准则。用最标准最能让学生听懂的语言制定班级纪律"合约"，让每个孩子可以"知行合一"。不能达到要求的，"拉"出来复述，是否存在理解障碍。当然对于存在障碍的、排斥的，老师要及时使用表扬、激励等"润滑剂"，让孩子们恢复战斗力，才可赢得好纪律。

对话三：手记三，一线"协助学"。在平时的班级管理中我也善于利用贤才，和管老师相比我的协助视野过于狭窄，管老师依托家长做"试卷"（试卷内容都是对自己孩子了解的一些问题），让家长明晰了自己的责任。平时对孩子疏于管理的家长得到低分，心里理亏，乖乖向老师投降，也不得不心悦诚服地配合老师工作，这一招攻破了"不作为"的家长。

对话四：手记四，一线"情感学"。10年的班主任经验，一直真心、好心、用心来对待学生，与他们发生了很多美好的故事，情真意切，自己缺乏了一些梳理技巧把它们串联起来成为畅通的"情感电路"，其实这些美好情感就在每一次"幽默"里、每一次"沟通"里、每一次"生日"里……

对话五：手记五，一线"育人学"。管老师说一线"育人学"就是一线"故事学"，我非常认同这个观点。在高密度的教室里，我们无时无刻不与学生发生着各种各样的交集。"老师，谁和谁争吵起来了！""老师，咱们比赛失败了！""老师，我的同桌哭啦！"从这些一个又一个的"事故"中，老师潜心地去育人，慧心地与他们交心，不是一个又一个育人故事吗？

对话六：手记六，一线"自立学"。这个"自立学"倾向于科任老师面对班级突发事件的处理智慧，如果在自己的课堂上发生了"事故"，把责任推给班主任解决，那么学生就会看扁科任老师，科任老师就会失去威信。与《一线教师》对话，一线教师要善于抓住"事故"，向其他老师借力，一起规避"事故"风险。警示科任老师育人不是班主任一个人的事，是关切到每位老师的切身利益，有作为才有发言权。

对话七：手记七，一线"个案学"。班级授课制最大的缺点就是忽视了"个案"，统一的教授，统一的作业，随着老师的教育觉醒，很多老师发明了分层作业，照顾到了吃不饱和吃撑的现状，班级管理中也会出现这样或那样的"个案"，这些"个案"是一个个鲜活的生命，放置不管，他们的思想可能"沦落街头"，敢于记录、辅导、跟踪"个案"的老师一定会收获自己的"个案学""跟踪记"，在以后的烦琐工作中会越做越顺畅，越做脑袋越活络。

对话八：手记八，一线"激励学"。激励犹如"洗脑"，给干瘪的种子灌满雨露渐渐发芽生长，激励对学生亦如此。教育的第一个名字叫"影响"，第二个名字叫"激励"，"激励学"要建立一日表扬库，要存储更多的放大镜，把学生的优点用放大镜观察，过滤掉缺点，进行常年"洗脑"，孩子们会越学越带劲，亢奋地努力学习会分泌内酚酞，内酚酞的增多，学生的韧劲会逐步建立，班级里就很少有"导弹学生"存在，激励学值得我们老师研究学习。

对话九：手记九，一线"复习学"。看到很多老师讲公开课都是一些精读课文、略读课文、古诗等，很少有老师讲复习公开课，当然这也包括我，自认为"复习课"是烫剩饭、没嚼劲、不新鲜，复习课都是自己在班里"悄悄"进行，不敢公开亮相。与管老师的《一线教师》对话后发现，复习学竟然有那么多学问，管老师深藏复习绝招：为了给学生复习解压，发明了"复习思维操"；为了激发学生的复习劲头，发动学生动手写"我眼中的复习小标兵"；为了改变学生学习的态度，为他们讲述幽默故事。管老师认为考砸了是好事，如生病了查不出来，反其道为学生解读查漏补缺的重要性。

对话十：手记十，一线"反思学"。一个善于反思的老师，他的进步是显而易见的，反思学的学问不能拘泥于一方面，一线教师与学生的接触是全方位、全时段的，我们要有宽广的视角，反思哪些做得好，哪里不够，哪些要改进，哪里要摒弃。教学的这几年，我一直纠结着怎样加强优等生的挫折教育，管老师也有同样的经历，这样的小课题值得我们去琢磨。

与管老师的《一线教师》对话了十次，其实不止这些，读到每一个案例的时候我都会停下来，与过往的自己对话，对照发现有哪些可以精进的地方。作为一线教师的我们每天都守着自己的"责任田"，与学生发生着故事，大家不妨停下脚步，把一个个真切的"自白"故事合并同类项，写出自己的《一线教师》手记，那将是多么美好的事情！

06

第六部分
成长加速，需要让
认知起飞

重塑自己的生命状态

重塑是推倒先前的一切不合乎自然的生命状态，清空自己，重新活过。今天我分享的重塑包括两层，一是重塑自己在家庭当中的生命状态，二是重塑自己在工作当中的生命状态。

我今年 32 岁，之前被繁杂的工作裹挟着家庭生活，一人在单位中承担了无数个角色，一直在工作中周旋，没有清晰的家庭与工作的边界，常常把自己的小家当成了歇脚的驿站，好在有婆婆的帮衬，如果没有他们帮助照顾女儿、儿子，很难想象我的家庭得是多么的一片狼藉；最近几年，老公的工作压力很大，引发了疾病，几次手术，让我看清了生命的真相，什么都没有活着更好；之前，家里的事我只是蜻蜓点水地涉猎，现在我要慢慢地走进我的小家，清除不必要的交际，去经营亲子关系，去维系夫妻关系。家庭这个名词正式写在我的规划里，自从加入了文质成长研究院，我发现张文质老师提出的观点：父母改变，孩子改变。下班的路就是回家的路，夜晚的时间就是亲子的时间。我非常认同，并且现在也在慢慢践行。怎样重塑自己在家庭当中的生命状态，我认为可以从自己力所能及的事做起，我梳理了以下几点：

一、陪伴在先，教育在后

之前，没有好好陪伴孩子，我还在抱怨为什么孩子不和我亲近。现在每天我抽出了两个小时的时间，夜晚陪女儿读绘本，在书中与孩子对话，我们的心离得很近。每天都会在百度上搜索可以玩的亲子游戏，我会时不时地抱起女儿和她玩真人抱陀螺游戏，只要有时间就听她跟我叨叨，慢慢地当女儿和奶奶要脾气的时候，只要我开口说话，孩子就会说："我记得妈妈说，要好好说话。"给孩子充足的陪伴，给予她足够的安全感，孩子慢慢会靠近你，还会让你收到意外的惊喜。

二、少用权利，多用规则

我们常常讨厌别人命令式地让我们做事，换位思考，如果用双方共同制定的规则来约束双方，大家就会心服口服，也不会影响双方的关系。有时老公说，你能不能别用命令的口气来安排我做事，可以吗？之前，我从未意识到，直到我们召开家庭会议时，家人们都说我喜欢用命令的口气和他们说话。于是，我趁家人不注意的情况下，打开了手机录音，录下了我和家人一上午的对话，后来，我反复听，发现了我与家人对话的模式有很大的问题。后来我有意识地改变，基本上都是以商量的口气，就在昨天婆婆说，你怎么变了呢，我说我这样说话大家喜欢不，家人都乐了。

三、不用情绪来表达，而用表达来展现自己的情绪

我们知道情绪的本质就是能量，当我们感觉不快乐、生气、愤怒时，如果用暴躁的情绪面向家人时，这时候传递给家人的信号是：他很不好，才导致你大发雷霆；或者他面对你用情绪表达时会采用屏蔽或者逃跑的状态，不给予反馈；还有一种是家人用和你一样的情绪表达来对待你。这样的家庭关系长此以往，整个家庭系统都将是封闭的状态，孩子也会以为是自己不好才会导致父母生气愤怒，久而久之，孩子会成为低自尊、低能量的孩子。我们要慢慢学会用表达来展现自己的情绪，当坏情绪来临时可以这样和家人说："对不起，这会儿我因为没有拿到我想要的东西，有点不开心，请先别和我说话。"这时候家人会和你处于同一频次，想你所想，忧你所忧，家人对你的不开心给予理解。这样表达还会促进家庭的和谐。

2012年工作，至今11个年头，这11年我的世界里只有工作，也只热爱工作。今年我意识到这种状态是自私的，因为我现在是妻子、母亲，我还有家庭责任。对于工作，我想仍然保持热爱，只有做减法，舍弃虚伪的，寻求本质的，自己能沉潜的领域。我认真追问自己，中层做到天花板是校长，校长是自己追求的吗？我内心深处最喜欢的就是和学生在一起，只想好好做个班主任，仅此而已。我挣脱了内心的矛盾，明年大胆提出不干中层（今年在外地支教），想清楚了，我就

锚定了班主任工作和自己的专业进行深耕。

班主任工作和自己的专业都是我的工作领域，同发展不冲突，要事优先，我还要有所侧重，我就把班级管理放在了首位，专业发展次之。鉴于 2023 年我参评了第 14 届最具成长力教师评选，今年的工作侧重专业发展，2023 年 7 月份，我拿什么和别人 PK 呢，我梳理了以下策略：

一、找到推动力，打造专业的自觉性

以教师成长力课程为推动力，在教师成长力推动课程中，张文质老师、蓝园长、钟杰老师的课程给我一次又一次心灵震撼，让我不自觉地向他们靠近，购买他们的专业书籍去了解各种大师，又想各种办法把他们身上的精华整合到我的学习系统里，成为我自己的知识图谱，也时刻警醒我，未知的世界无止境，要持续地输入。

二、寻找"自我镜像"，指明前进方向

张文质老师十几年如一日地研究生命化教育，有定力，有韧性，有激情，当自己懈怠时，我就会打开书本说，把张老师看成成功的对标，激励自己。

三、构建成功愿景，规划成长地图

我构思了比赛当天（2023 年 7 月 13 日）的场景，我拿出了自己依托美篇出版的 8 本"土书"，展示了自己坚持了 1700 天的粉笔字，向大家介绍了我看的 400 本书籍，自费听了 200 余节课程，自信地完成了答辩和演讲环节，获得了第 14 届河南省最具成长力教师称号，这是我构思的宏伟蓝图，有了这个画面，我就脚踏实地的一点点去做，把大目标进行分解，落实到每一天我需要做的小目标。我规划了一天需要做的事情：每天写一版粉笔字、每天看一个小时的书籍、每天有 500 字的输出。坚持把小事做好，慢慢叠加起我的愿景，未来可期。

重塑自己的生命状态是让自己越来越好，在忽略的家庭生活中做加法，在繁杂的工作中做减法，让自己的生命状态持续流动，保持最佳。重塑生命状态，先从转变信念开始吧。

新手教师如何做好"时间管理"

最近很多新老师私信我说："何老师，同样是教学，你为什么可以写100多万字的随笔，并且还能坚持写3年多的粉笔字，你的时间是如何管理的？"借用钟杰老师的话来说，大家要放下对时间管理的执念，这个世界上没有所谓的时间管理，只有自我管理，只有自己做好规划，就能充分利用时间。

我们无法叫停时间，无法管理时间、无法控制时间、无法启动时间，但是我们可以管理自己，我们可以决定今天做什么，改变可以改变的，只有自己可以改变，改变自己是成长，改变别人是战场。

今天我们可以选择我们专注的某件事，也可以放任自己在各种诱惑中随波逐流。这一切的决定权就是你自己。对照钟杰老师的时间管理，我根据自己的实际做了自我规划，有几个小锦囊和大家一起分享。

锦囊一：要事优先

在我们的工作当中有很多重要且紧急的事情，比如学生的核酸结果收集，每天的晨检、午检、强国学习等，我们的态度就是抓紧处理；很多重要但不紧急的事情，比如，公开课、课题研究、读书、写作等，我们的态度就是放长线推动着去做；除此之外还有很多不重要不紧急、不重要但紧急的事情，我们的态度是尽量少做或者不做。以上，我们可以根据时间四象限，按照重要且紧急、重要不紧急、不重要不紧急、不重要紧急进行静心梳理形成自己的自我管理攻略。

锦囊二：成长聚焦

2012年我参加工作，工作的前三年在农村教学，当时对于班级管理和语文教学我都是凭着激情与热爱"蛮干""苦干"，没有清晰的成长路径，后来我认识了姜明霞老师，她告诉我新老师要做好职业规划，思考自己可以沉潜的领域。

当时，我就试着写教育随笔，就是把每天发生在教室里的事用文字记下来，当时的文字就是流水账。到了 2018 年，我自费参加了全国班主任论坛，认识了郑英老师，惊艳于郑老师的出口成章，以后，我就有意识地读班主任管理相关的专业书籍，读完我就结合自己的工作实际进行实践，最后我会形成文字进行复盘整理。从 2018 年开始，我有了专业学习的觉醒意识。2016 年我开通自己的写作微信公众号——六（5）班写作平台，2018 年开通了美篇——何蕊幸福奋斗着，现在加起来有 600 余篇文章，我认为前期的蛮干、苦干，是成长的必经之路。慢慢地走着走着遇到了大师，向大师请教，我们就明晰了自己的专业发展追求，进而进行日拱一卒的积累，相信未来我们会越来越有名师的样子。

锦囊三：破"圈"成长

随着工作时间的推移，工作性质反复性使然，我们会不断形成职业倦怠感，教案用了一年又一年，没有改变，总在舒适圈里待着，没有向前看的意识，这样下去我们就会变成让自己讨厌的职业人。我的成长就是一路的突破，2012 年参加工作以来，我意识到自己有两大短板：一是，缺乏公开亮相的勇气；二是，课讲得不好。这两点我是如何战胜自己的呢？学校只要有比赛，不管是演讲还是讲课或者其他，只要可以在大场面下曝光自己我就参加。今年我细数了一下，差不多参加了 60 多项大大小小的比赛，得奖与否于我无关，只要弥补自己的短板就可以。在无数次的比赛中，我慢慢克服了怯懦，走出了自己的舒适圈，有意识地管理自己，不做无用的交际。用丁如许老师的话来说，在人生的路上，职业梦想也许会改变，但做一件事，就是把它做好的事业梦想，应扎根在我们心里，所以大家在做好人生规划的同时，避开舒适圈，走进能量圈，一定会一路拔尖。

锦囊四：有刚需的执行力

知是行之始，行是知之成，做到知行合一，方能成事。如何练就刚需的执行力呢？我们需要记住行动四诀：转、做、存、扔。转就是可以把任务转给别人的，可以授权给别人来做的；做就是必要的事情马上去做，就像锦囊一说到的重要且紧急的事处理的态度一样；存就是没有办法马上去做的，我们可以放到自己的每日工作清单里面，每天做一点，比如教育写作、阅读等；扔就是转不出去的，又没办法立刻做的，存下来又做不成的，我们就果断扔掉。我们可以梳理自己一周可以利用的碎片时间，比如，早中晚、放学后、上班间隙、周末的时间。我的一天时间规划是这样的，早晨，6点起床，20分钟的锻炼时间，我会用2分钟的时间梳理出当天要做的事情，写在手机备忘录里，每做一件清除一件，30分钟的阅读时间，5分钟练粉笔字的时间；下课间隙，我会记录学生的成长故事；中午，阅读30分钟，处理一些琐碎事情；下班之后，20分钟的时间发表美篇，5分钟的时间梳理一天的工作；夜晚，60分钟的时间听专家课或者读书；周末，抽出一天的时间集中备一周的课。平时的大量写作与阅读就是在这些碎片化的时间里产出的。

锦囊五：拥有钝感力

什么是钝感力？就是对于别人的评价不过于敏感，专注于自己当下做的事情。人生有几种活法，活在别人的评价里是一种，这样的人一辈子过得很庸常；活在自己热爱的领域里，这样的人，一辈子过得很通透。经常有同事问我，你专注于读书、写作，不怕活成"另类"吗，我说做最好的自己就可以。当然人性无法揣测，如果只活在别人的评价里，你什么都干不好。我的这种钝感力要感谢我的母亲，她从小就对我说："不要在意别人的评价，把自己的地种好，来年丰收的都是自己的，又回不到别人的粮仓里。"我感谢母亲这句朴实的话一直激励着我。我想说，所有正在进行的事情就是现在的优先选项。

上面的五个小锦囊，大家可以对照逐一去改进。除此之外，我们还要向自己提出灵魂"六"问。我的优势在哪里？劣势在哪里？我的工作环境允许我做什么？可以给我哪些资源？我的内心深处最想要什么？最想成为什么样的人？想好这些，管理好自己，然后为自己赢得时间，从今天开始建立自我管理机制，用雄心与时间拔河，成为学生生命的范本，做学生思想的引领者，人生道路的启迪者，成为自我生命与精神的变革者。

暑假成长的 N 种姿势

成长对老师来说是一件常态的事，我们往往被平日的繁忙裹挟着，对成长的渴求变得不再自知。于老师而言成长的最好时段，莫过于寒暑假，有整块的时间调整身心，让自己的精神与身体通透起来，以规划为导航，驾驶我们到一个又一个可以赋能的加油站，为我们的灵魂注入新的能量。这个暑假，我渴望自己有新的知识注入，有新的认知升维，按照计划，一直在精进的路上。

一、鼓起勇气进省赛，摘取优秀奖章

成长到了一定阶段，是相当痛苦的。去年参与了第 14 届河南省最具成长力教师评选，成功入围，看到入围的老师都是省骨干教师、省优秀教师，自己什么都不是，我没有自卑，反而挑动了我向高手过招的渴望。今年 7 月我来到长垣参与了河南最具成长力教师决赛，虽没有取得傲人的成绩，但我看到了优秀教师的生命状态，他们自我燃烧，同时也会去点燃他人。这场比赛给予我的额外奖赏有很多，如《教育时报》刘肖主编在几千人中第一个点名表扬的人是我，他说我是成长力最快的青年教师，以我成长的关键事件为核心，开班仪式上为大家讲述了我的故事，此次长垣之行，我被评为了"成长之星""优秀学员"。

二、带娃参加封闭培训，母女实现同频成长

作为教师，我们要好好地守好两份责任田，一份是班级的，一份是自己孩子的。假期与孩子旅行是最好的选择，我和大宝选择了近距离的学习之旅，此次学习地点在中牟，为期五天，起初我担心 6 岁不到的她是否可以坚持，毕竟她是来陪我的，讲的内容她多半听不懂，但令我惊讶的是每当导师提问时，大宝会推我

一把，说："妈妈你来回答。"这是她说的最多的话，五天学习之旅，大宝的安静独处与我的认真学习获得了导师的高度赞扬，我的出色学习表现更多的是孩子给予我的能量，母女同频成长是假期生活的最好馈赠。

三、一本好书，就是一次完美邀约

这个假期我全程沉浸在几个自费参与的培训组织里，自己制定了三年的成长规划，在规划的推动下，我顺次啃读了 32 本书籍，被《中国教师报》褚清源主编邀请，共读了他的新书《把课改作为方法》，与很多优秀前辈产生了连接。8 月初，我被河南教师读书会邀约做了领读人，成为河南读书会的会员，是阅读带我认识了这个辽阔的世界，同时遇到了一些同行的人。

四、拥有自己的作品，出书一步步落地

夜晚的时间，我几乎都在敲击键盘，整理 11 年的零碎文字，把 200 多万字分类打包，筛选出精华，用一线穿珠法写目录，定标题。初步筛选了 20 万字作为书稿，经过前辈指导，与出版社接洽，基本定稿，一本书的诞生我用了 11 年，文字可以见证白昼与黑夜的轮回交替，出一本书算是为自己举办的一种成长庆典吧，以此为基点，再出发。

我不知道精进的岁月能赋予什么，但是我确信心中燃起了成长的美好，这种感觉就像一颗种子在我心中抽节拔穗，酝酿蜕变，假期一晃而过，回看奋斗的脚印，依然掷地有声。

如犟龟一般成长

——参加河南省成长力教师演讲稿

《犟龟》是我今年支教与孩子们共读的一本绘本，讲的是小乌龟陶陶想要去参加狮王的婚礼，它不停地走，路途中忍受其他动物的嘲笑，最后，它虽然错过了狮王的庆典，但是他赶上了王子的婚礼。在这本书中我读到了犟龟的坚持、执着、自信精神。

我的犟龟精神要追溯到 2008 年，因家庭贫困，辍学两年，后来在班主任郝老师的帮助下，重返校园，此后我把不抛弃不放弃每一位学生作为向郝老师学习的标准。2012 年，我成了一名特岗教师，这里的孩子大多是留守儿童，他们作业没人辅导，我就义务做起了家教，他们没有书法、音乐老师，我就自学书法、唱歌，为他们建立了书法协会、舞蹈社团，这一干就是三年。

2015 年 9 月，我考到郑州大学实验小学，由农村到城市的转变，让我一下没了底气，我用读书、写作来化解。2016 年我开通了班级写作微信公众号，至今写了 200 多万字，我把这些文字汇编成了 6 本书。

尊严来自实力，教师的实力就是能上好课，学校有公开课我就第一个报名参加，不怕出丑，功夫不负有心人，2019 年我作为郑州市的唯一代表参加全国课例展示，获得了全国研究课奖。此后，我在专业上有了觉醒。2022 年，我自费去河南教师成长书院学习，整整一年我阅读了 236 本书，写了 60 万字，自费购买了 123 节课，我还尝试投稿，虽屡战屡败，但我屡败屡战。

今年我来到南阳镇平县杏花园小学支教，在这里，我大胆实行 0 作业教学，带领学生读绘本、办班级日报、演课本剧，每次考试他们都考得很出色，领导就力推我为老师讲班级管理的方法。这一讲就遍地开花了，我相继被郑州大学、至善学院等各学校邀请做了 42 场讲座。今年年底即将出版的我的新书，这正是我犟龟精神的体现。

11 年，我如犟龟一般坚持、执着、自信，我相信只要上路，天天走，总有一天会遇到自己的庆典，今天我站在这里就是遇到了自己庆典。

来到教师成长书院，我就有了勇气

2019 年，我们教学副校长对我说，何蕊你一定要去河南教师成长书院学习，那里都是一些学习的狂人，和你很像。当我下定决心想去的时候，我叩问自己，我优秀吗？我能去吗？我退缩了，因为没有勇气，那时的我认知是多么的狭窄，不敢接近优秀的人。

后来，我结婚生子，与教师成长书院错过了一年又一年，去年小宝 4 个月的时候，我再也按捺不住了，教师成长书院的老师都是学习狂人，到底疯狂到什么程度？我觉得自己也行，当我生完小儿子还在坐月子时，我考了家庭教育指导师证，还阅读了 40 本书。我也是学习的痴迷者，我对自己说，先迈出第一步，要去感受一下成长书院强大的学习磁场，才不会遗憾。

去年，我在线上自费报了名，短短 7 天的学习，为我打开了另一扇窗，没有真实的世界，只有认知的世界。这个世界只有自己可以掌控自己，与他人无关。

这 7 天的学习我就像很久没有吃饭的孩子一样，一直扑在"面包"上。白天抱着 4 个月的儿子听课做笔记，晚上我会把当天的课再进行复盘梳理，把学习心得制成美篇保存。我还有意地把每位专家的课进行了录音，方便以后有时间再来反复学习。

我抱着小儿子学习的照片被《教育时报》龙庆老师发现，龙庆老师向我抛来橄榄枝，邀请我做优秀学员分享。分享那天，我和两个孩子还有老公都来到教育时报社，他们目睹了我的分享，老公说我分享时双眼满含着泪水，我说这是激动的泪水，这是感激的泪水，因为我在这里被看见，因为我在这里找到了学习的勇气。

我用心流体验一词讲述了 7 天的学习之旅。分享结束时，我目睹了台下的评委为我鼓掌，我尘封已久的心被打开了。

之后，紧接着河南智慧力班主任我也依然追随，自费参与。

就是这两次与《教育时报》的遇见，成了我成长的不懈动力。学习虽然结束了，但这份学习的强大磁场一直伴随着我。这一年，为了提高自身的专业学习，我辞掉了中层岗位，来到南阳镇平县杏花园小学支教，除了做好日常工作，我就专心读书、写作。

自从我被教师成长书院看见之后，我就对专业成长更加地痴迷，这一年我读了236本书，写了260篇文章，约60万字，被郑州大学、至善学院、支教所在的当地教育局邀请，做了42场讲座，借由多年的积累，今年我还立志写两本专著。

这种强大的学习内驱力与敢于亮相的勇气是教师成长书院给予的，是书院里的伙伴们熏染的。我把教师成长书院当作了我的第二个家，它是让我二次生命生长的地方。

扬长避短，擦亮教育的每一天

"有的人懂得无数道理，却没有过好这一生。"很多人解读，只想不做，所以一生碌碌无为。其实还有另外一面，是否找到了自己擅长的领域，如果找到自己喜欢的事，并持续沉浸，也会有目之所及皆为风景的美好日子。作为老师亦如此，用扬长避短的态度对待自己、学生、家长、同事，同样会收获不一样的教育人生。

一、扬长避短，推动自我成长力

《道德经》有云："知人者智，自知者明。"意思是了解他人和了解自己都是智慧，关键点在于认清自己并找到自己的亮点，才可以主宰人生。

作为教师如何找到自己的亮点，首先问问自己到底喜欢什么，对什么感兴趣。比如有的老师课上得好，那么就在上好课上深挖一口井。有的老师粉笔字写得好，可以着手制定每日写字打卡计划，记录自己的成长。有的老师善于班级管理，基于班级变化，做好持续记录，物化为成果，不断蓄力，慢慢就会成为班级管理的高手。

教师找到自己的亮点，用优势权杖获得职业幸福感、价值感，进而取得职业认同感，以至对教师职业充满着无比的热爱。五年以后，十年以后，他会很快找到自己成长的快车道，为平凡的教育生活，增添一抹靓丽的色彩。

二、扬长避短，激活学生的生命力

爱因斯坦说："每一个人都身怀天赋，但如果用会不会爬树来判断鱼的价值，那他终其一生都认为自己是个笨蛋。"好的教育，就是神奇的点亮。作为教师就要去点亮学生，告诉他们每个人身上都有不同的优势密码，有的善于画画，有的善于演讲，有的善于跳舞……在自己喜欢的领域有所作为，就会生根发芽。

在发现学生的长处时，教师要有一颗包容的心，班级的学生大致有三种类型，第一种品学兼优的，这一种很受欢迎。第二种中等生，这一种一般在班级处于边缘地带，对于这些孩子可以用"夸夸条"，以让他们的优点上墙的形式激活他们。第三种就是问题学生，这一种学生令老师头疼，我们可以拿着放大镜来寻找他们的优点。他们爱劳动，可以借由此给他们开一场劳动达人表彰大会；他们爱帮助同学，可以顺势利用班会课夸赞他们一番，好事做得多了就给他们发一个"小雷锋代言人"奖章。总之，无论哪种学生都是一个富矿，就看老师用什么工具来开发。如果老师在发现学生的优点上下了很大功夫，那么学生也会复制老师的方法，去发现老师的优点，从而促进师生关系更加和谐通透。

三、扬长避短，促进同事间的合作力

魏书生老师说，用学习吸收的观点看待别人、看待学问、看待事物，会使人变得强大、乐观、胸怀开阔。教师绕不开的话题就是你教着一个班或者几个班，有时外出需要调课，平时与同事关系不太顺畅估计有点困难。平时怎样维护关系呢，关系都是慢慢建立起来的。被关注被看见是人性的一种渴望，我们主动去看见同事的优点，是建立好关系的第一步。

如果在平时的学校活动中发现某位同事歌唱得非常好，当面就可以为他送上大拇指，具体表扬他歌唱得不错。在学校举办的基本功大赛中，发现同事的毛笔字写得苍劲有力，不妨向他学习，主动拜师。

当然，我们要在生活的细枝末节处发现美好，这绝不是一种恭维，而是用一种吸收的态度、欣赏的眼光对待他人。主动夸赞别人的人，也会受到别人的夸赞，这是确定无疑的。

四、扬长避短，取得家长间的协作力

教师左手教着学生班，右手教着家长班，与家长建立良好的关系是非常重要的。家长都希望自己的孩子受重视，同样他们也渴望得到老师的认可与肯定。

平时我们与家长打交道最多的途径就是通过微信、电话，其实我们可以打破

时空界限，通过家长课堂，让家长利用自己的特长为学生上课。班级文化建设，可以主动邀请会手工的家长来帮忙装饰教室。当然还可以用更多的活动去挖掘家长的优点。家长的优点一旦被激活，就会形成家校共建命运共同体，达到家校之间持续润泽的效果。

扬长避短，就是神奇的点亮。点亮自己，点亮学生，点亮同事，点亮家长，在教育的道路上点亮身边的每一个人，让每一个人的自我效能感满满，教育的福流将溢满胸膛，收获满天星河。

一个教师是如何走向讲师之路的

一个人的突然"暴发"，让身边很多人"红了眼眶"，今天我来揭秘我是如何从一个普通教师走向讲师的。

2022 年，我自费参加了河南教师成长书院和河南班主任智慧书院的培训学习，在这两个学习共同体中，我认识了一些疯狂学习的人，如导师武凤霞、田冰冰、钟杰、陈大伟等，在他们身上我看到了一个具备成长力教师的样子——敢于亮相，执着于读书，醉心于写作。这两个培训结束以后，我的心久久不能平静，我也渴望成为导师那样优秀的人。

我不是一个空想的人，根据导师推荐的书籍，我由一本书按图索骥找到了很多书，从 2022 年 8 月至今我读了 323 本书，这些书的厚度叠加起来比我的身高还高（我 152cm），我不仅仅读，还勇敢地拿起笔写，读一本书，写一篇感想，一篇都不落下。

2022 年 12 月，那段时间因为疫情，很多特级教师的讲座都搬到了线上，只要自己舍得投资，就可以听到前沿的干货。我也研究了自己的学习类型——听觉型学习者，我最适合购买一些课来听，于是我像一只很久没有吃过肉的狮子一般，购买了 200 多节课，有语文学科、班级管理、教育写作、国学、中层管理、发展心理学等很多门类，这些课我都是用每天边角料的时间听完的、学完的，每学一课我都会梳理出干货，这些干货我都保存在自己的网盘里。

有一天，我萌生了一个念头，听了那么多专家的课，他们都是根据自己的实践来做讲座的，我也可以啊，于是我用两个多月的时间，梳理了三场属于自己的讲座。每一场讲座，我可以讲 3 个多小时。我感谢之前自己流水账的记录以及一次次实践，没有前期 9 年流水账的写作与实干，我的三场长达 9 个小时的讲座根本做不出来。

我自己有"作品"啦，这个时候，我就在有意地为自己创造各种展示的机会，我去年参加了 7 个线上学习的组织，每个组织都有线上分享环节，这些展示的机会我每一次都不放过，每一次亮相之前，我都会花费很长时间去写稿。我记得我参与出镜了 32 次，每一次都在 20 分钟左右。由于我刻意地练习，每天都坚持写作，有一天我在自己的美篇里收到了一则留言："何老师，您好，经常关注您的美篇，发现您在班级管理这方面研究得很深。能不能邀请您到我校做讲座？"后面还写了学校电话，这是我收到的第一根橄榄枝，由于学校花钱请我做讲座，所以当时没法发观看二维码。后来知道我的第一位邀请人是马校长，此后，马校长又把我介绍给了周边的 7 所学校，从此开启了我的讲座之路。

之后，我的学生家长找到我说，何老师能不能免费做个讲座，我豪爽地答应了，去了才知道是给一些研究生讲课，吓得我一身汗，故作淡定地讲完了。后来这些研究生很认可我土得掉渣的讲座，他们把我介绍给了很多校长，于是就开启了我的国培讲师之路。

来到支教的地方，因为我担任过河南省国培项目骨干班主任培训，这边有几个领导现场听了我的讲座，力推我在杏花园小学做讲座，后来领导又把我推荐到了教育局，我又给全县的班主任做了讲座，再后来就遍布到各个学校和乡镇，开展讲座十几场，影响了数千名班主任。

2023 年 3 月 20 日，我看到好友给我发了一段长长的文字，大意是你那么努力，应该站在更大的平台上展现自己，这位好友给我推荐了一个线上全国讲座平台"至善学院"。其实刚开始，我是犹豫的，觉得自己资历不够，后来我接触到了至善学院的刘老师，刘老师看了我的简介对我非常认可，给我提供了三次在全国平台上做讲师的机会，每次讲完刘老师都会对我说："何老师，加油，你走的路是少有人走的，你一定会成功！"就这样我与刘老师成了朋友，对刘老师我充满了感激，因为我不是有名气的老师，刘老师托举了我、也成全了我。我记得对我最大的鼓励就是，每次全国讲座观看的人数达一万一千人之多。

至今我做了 78 次线下讲座，做了 16 次线上讲座。

如果大家也想走讲师这条路，可以先从阅读大量书籍、持续写作开始，先有前期的积淀，才会有之后的厚积薄发。不要只看到别人的光鲜亮丽，遮蔽了别人坐的十多年冷板凳。

只要努力，你也可以，一起成为讲师吧。

找到问题比解决问题更重要

前几天学校集中培训，其中万海平老师的讲座让我意犹未尽，我循着视频里万老师所在的学校名称，搜索到了他所在学校的微信公众号，按图索骥，查找到了万老师20多年的关于问题学生的研究框架。我看过很多书，很多有名的专家对问题学生都有研究，但是我觉得万老师的独到解读是我之前所没有接触到的。

以一个例子来诠释万老师的研究思路。有一天，他收到徒弟的求救，徒弟刚接手了一个新班，班里有一个写字姿势特别离谱的学生，这个学生遇到作文不写、长题不写、笔记不写，但理科不错。徒弟看到这样的学生就用谈话、家校合作、同伴监督、姿势纠正这几个方法来积极介入，但是没有任何效果，反倒把徒弟气得头昏脑涨。于是找到万老师，万老师询问徒弟想没想过这个学生为什么写字姿势会这样，徒弟摇摇头，万老师和徒弟一点点地分析为什么学生写字的姿势会这样。

第一步，咨询徒弟，家长是怎样的人，没等徒弟开口，万老师问，他母亲是不是心直口快的人，爱唠叨，对孩子的学习十分上心？徒弟点头，感叹师父的料事如神。万老师说，这个写字姿势他应该用了好几年才会成这样，孩子之所以这样，是为了逃避母亲的责备与高期待。

第二步，分析了学生的学业成绩（他来到班级之前的成绩，徒弟说很差），学生在学业上有压力，总是失败，没有动力，所以他用不写作业来掩盖他不是笨，而是不做。

第三步，分析学生的同伴关系（他没有朋友，觉得没意思）。

第四步，分析学生的自我情绪（该生敏感，有自己的主见）。

紧接着，万老师与徒弟说其实影响该生这种行为的因素还有很多，万老师领着徒弟梳理了所有影响因素，告诉徒弟可以借助数学当中的合并同类项对学生成长问题的信息进行专业梳理。最后形成了解决成长问题的四步曲（分析、选择、判断、重构），其中判断与重构的关键点是学生的品质培养，一个人的成长问题就是在他的成长过程中有哪些品质缺失。想要找到学生缺失的品质，万老师给出了"支架"，支架包含 7 个问题。

1. 学生的行为背后的心理动机？（逃避母亲的唠叨责备、逃避同伴的嘲笑看不起、逃避学业的压力）

2. 这样的行为背后的内心需求？（需要安全感、价值感、归属感）

3. 学生的需求是因为他缺失了什么品质？（规划、动力、同伴的关心）

4. 这个品质培养的核心是什么？（时间管理、兴趣、沟通）

5. 以什么活动来培养学生的品质？（办公室自习、理科入手、发挥班集体作用）

6. 活动的哪一细节是品质生成点？（规定时间规定任务、激发内心文科需求、班会教会学生人际交往的方法以及找同伴帮忙协助他人际交往）

7. 可能的问题和完善的措施是什么？（学生可能会出现反复，教师要有耐心跟踪学生改正）

根据马斯洛需求层次理论，他们针对该生缺失的品质进行三个角度的诊疗。角度一，母亲影响——安全感——方法（教师把学生带到办公室，规定时间完成规定任务）。角度二，缺乏动力——价值感——方法（从理科入手，激发内心文科的需求）。角度三，同伴刺激——归属感——方法（活动主题，激发班集体作用）。

现在我非常清晰地认识到万老师给予的支架就是解决问题的具体流程，在这7 个问题中可以反复追问，最终形成问题学生的诊疗报告。此外，万老师花费了一个多月时间针对学生所在班级出现的问题进行了梳理，最后归纳出，几乎所有问题都源于交往，交往分为与己交往、与人交往、与团队交往。针对这三部分，万老师分门别类地梳理出了学生问题现象、成长品质、问题根源、痛点，我们可以按照万老师给予的万能方子，给学生开药，找到问题学生的真实问题，最后一步解决问题。

面对问题学生，我最初意识到就是想着第一时间去解决问题，然后再处理其他，没有找到问题的支点，万老师的思路，是先找到问题支点，追问自己七步，最后形成药方，这是我所需求改变的处理问题学生的模式。

我的工作"心法"之一——愚笨地工作

每个人对事件的解读不一样，有的人能把坏事解读为好事，有的人则能把坏事解读为"一蹶不振"。

很庆幸，我是那个经常把坏事解读为好事的"愚笨"之人。

自从踏上工作岗位，我参加了大大小小的比赛有 47 次，每一次对我来说都是公开"揭开自己的长处、暴露自己的短处"的好机会。

校赛、乡赛、县赛、市赛、省赛、国赛我都参与过，每一次于我而言都是一次迭代成长的机会。

支教回来，我"卸掉"了一切"虚荣"（做干部，在我的潜意识里，就是不愿意被人管，自己年龄也不小了，不能被人管，我得管别人，这是我做干部的缘由）。

今年回归到实小家庭，我被安排做二（1）班班主任，此班各方面都很弱，于我而言，有问题就是机会，先理清关系，再理清事情。所以我们班用了接近三周的时间，逐步走向了正轨。我们开展了班级共读、家校共读活动，既然班级内文化杂草丛生，心浮气躁，我就用书籍为他们静气。

不做中层了，我也看清了很多人，我觉得挺好，当自身回归到一线教师时，看到的都是底层老师的真实状态。

今年 9 月开始，心很静，我目前只顾两个关键工作，带好我的班，顾好我的家。

带班前期我做了大量工作，每天采用现场直播的方式呈现班级实况，家长可以隔着屏幕知晓班级的真实现状和孩子们的喜怒哀乐，我从不瞒着我的家长战友们，因为我想取得他们的协同。所以班级里的一切事都"曝光"在群里。

上周在餐厅吃饭，一个餐厅打饭的大姐，跑到我身边说："我观察你很久了，您每天都给学生拍就餐照片，每天都是站着吃饭看着学生，每天都提醒桌长擦桌子，还对他们说，不给餐厅的叔叔阿姨添麻烦，我觉得你是特别负责的老师。"我被这位大姐狠狠地夸了一顿。

我说自己是这样做老师的，我希望我的孩子遇见怎样的老师，我就成为这样的老师。

我也是父母，我知道他们每天忙碌是为了什么，就是期待孩子开心快乐生长。作为老师，我可以做的就是为他们创造安全、舒适的氛围。生理需求（吃喝拉撒）、安全需要先满足，孩子们才会爱班级、爱我。

短短三周有 27 位家长给我发私信："何老师，遇见您教娃娃就像中了大奖，非常幸运。""何老师，您是我这么多年见过的最负责任、最专业的老师。""何老师，您不仅教我的孩子，还教我们家庭教育知识，我佩服您。"……

每一次看到他们的留言，我都满含泪水，谁最能为自己的工作打分，不是学校，而是活生生的家长与学生，是我从教以来"愚笨"地工作得来的褒奖，愚笨就是我工作的心法，也是我的教育专属词汇。

我的工作心法之二——只要足够努力，神明也会庇护于我

稻盛和夫的《干法》《心法》常常给我洗脑，不过我很喜欢，洗去了我的自怨自艾、怨天尤人。

我有一段成长的"至暗时刻"，那段往事于我而言很是煎熬，这里不想多提及，大抵是我得罪了一个人，因为他的巧言令色让我失去了一个重要机会。开始的时候，我这个涉世未深的小白不懂"江湖"，就这样用自己的倔强与愚笨反倒把事情搞得越来越糟。后来，得罪了领导，这件事我一直没为自己洗白，到现在领导都认为是我年轻气盛、不可理喻。

我想时间可以证明一切，你是什么人不是他人说了算，而是自己说了算。

对于一些想不开的事，我都会用书籍疗愈自己，在心理学、哲学书籍的滋养下，我渐渐打开了自己，不再纠结于过去，只想好好把握当下。

最近两年我如饥似渴地追求专业成长，就像翱翔在天空的雄鹰，不怕疲倦，任我高飞。

当然我的成长还有一部分重要原因（老公身体不好），我要庇护起我们一家。

很多人都想象不到，我最勇猛精进时，一天只睡3个小时，剩下的时间全是在工作、看书。

夏天我坐的时间长，屁股上起了很多痱子，冬天长时间地读书，当我从凳子上站起来以后，感觉腿都不是自己的了，又麻又累。有时我会突然想到，哪一天我猝死了怎么办，想起这我就赶紧放下书去睡觉。

曾经有很多人问我，为什么这两年你成长得如此快，因为我没有退路，只能前进，并且要飞速奔跑。

这个十一假期，也就是今天，是我这两年来唯一休息的一天，虽然在休息，但是我的思维一直都在写作。

今年8月我收到了南方两所学校的橄榄枝，因为我近两年一直在各个平台做讲座的缘由，他们了解了我，尽管我的职称是中小学一级，还不是副高。他们也特别期待我去，可以破格录取。

说实在的，薪水很诱人，但分的房子有些狭小，我做了综合考虑，决定不去（原因不再赘述，大家可以猜想）。

假如我不努力，不精进，这样的机会到我身上的概率能有多少？他们看中的是个人业务能力，而非其他。

今天我敢公之于众，是想告诉大家，只要足够努力，神明也会庇佑于你。

自己的命运，自己是什么样的人，是由自己决定的，其他人无权干涉。

当我用自己的足够努力取得了一些贵人的扶持以后，我不再唯唯诺诺，我敢于做我自己，敢于说真话，敢于发信息直接删除诽谤我的人（我发信息告知，不愿与之为伍）。

不是我成长了，我就狂妄自大，而是我看到了事情的真相，依然努力热爱生活、热爱工作，为自己为家人创造更好的条件。

我真的很优秀。

成人的世界很"陡峭"，走过的路都有一地的泥土和花香。

在自我的世界里，有自己的人生走向与规划，不在乎世人的眼光，活出最好的自己。

在一个场域里，如果没有人夸奖你，工作没有动力，你就应该自己给自己打气，自己给自己好的情绪体验，这不是不合群，而是调节进取动力的一种方式。

之前，我非常在意别人的眼光，一度迈不开成长的脚步，很多人投来不屑的眼光，现在这些我都不在乎，我在乎的是我成长的触角长到了哪里。

我的思考在哪里，行动就在哪里，行动起来可以创造良好的生命状态。

我研究班级管理，我就生出了 8 场班级管理的讲座，进而积攒出了一本书。

我不再叽叽歪歪、婆婆妈妈，不再做老好人，自己愿意去做的就去做，不愿意去做的就拒绝。

我曾帮助过很多人，帮他们写文章、讲课、管理班级，这些我都很感恩，因为我在这些难事上成长，有自己的工作"心法"，人在事上练，难得。

之前听闻一些事会牵绊我的心绪，现在我不会这样，我修炼了一种此心不动，随机而动的本领。就是说，有了事情，我不会预设立场，不提前下结论，不会慌张、害怕，会很冷静地分析机会与挑战，所以最后我能气定神闲，知行合一。

做一件事，要有一个好的发愿，这就是致良知。所有的事情我都有朝着美好愿景、认真做事的态度。

我有自己的工作心法，就是屏蔽一切对自己不利的信息，愚直地坚持成长，有利他思想，敢于拒绝，有真的自我。

就是在这样的认知力下，我得到了心力的提升，才有更多的时间创造自己的心流书籍。

有这样的认知升维，我得到了很多大咖的帮助，《德育报》刘主编主动为我做个人新闻人物传记；《中国教师报》褚主编主动向我抛来橄榄枝；全国优秀班主任钟杰老师给我介绍出书细节；著名学者张文质老师鼓励我成为"刘波"老师那样的专家；镇平县教育局郭学忠局长提携我为全县班主任做讲座；《教育时报》刘肖院长在几千人的会场第一个点名表扬我；至善学院刘老师、赵院长成全我在全国平台做讲座；云上优课宋老师为我创造讲座机会；南阳市教育局师训科约我为新教师培训；吴帅老师为我对接出书琐事。

一个人要走很远的路才可以遇到出发的人，遇到同频的人，我就有了拔尖成长的赛道。

我这个人遗传了母亲的基因，天生精力十足，在自己深爱的领域，我可以做一个通宵。

在我的迷茫期、困惑期，我自己为自己疏通经脉，自己表扬自己，自己看见自己，因为我知道，生命状态好，才会一切都好。

感恩给予我高能量的贵人，这些贵人引领着我走向了自洽之路，驱动着我成为变压器，使用最大功率，干活做事。

我在做事中，撞到了好运气

22岁之前，我身上带着一种病毒信念，总觉得自己是个倒霉蛋，干啥啥不行。是不是大家还想到了吃啥啥不剩，就是这样的，十足的膘肥体壮，十足的倒霉。

这种倒霉，是谁嫁祸给我的？和同学吵架，我会说，挨千刀的总找我事；考得差，我会说，这题出得真难。没人和我做朋友，我会说都是别人不好。我就是妥妥的利己主义，一切从别人不好出发，为了自己更好。

我是个普通人，也是一个俗人，我希望自己有好运，有大运，有一天中个大彩票，买个大别墅，嫁个富豪，这些我都想过。

现实一个都没实现，我高估了自己的想法，随着年龄与阅历的丰富，我发现我变了，凡事不再把原因归到别人身上，会向内看了。

我也不再畅想什么黄金白银中彩票了，想得更多的是我要多看书，我要多学习，我要变聪明，我要出书，我要站在舞台中央，成为那个侃侃而谈的人。

我还是我，到底是什么改变了我的认知？

是钟杰老师的口头禅帮扶、点醒了我，"干活，干活，只有干才能活，不干不得活"。我要干活，我要做事，才可以活，还能活得更好。

我的病毒信念由倒霉、埋怨切换成了干活。我发现我慢慢有了变化，在家几乎不唠叨了，要不就看书、要不就写作，带娃出去玩也会写一些带娃日记，陪娃看绘本，也会写一些与绘本有关的文字。在学校我也都在干活，约家长聊孩子，策划班级活动，写备课反思……一天到晚心流时间是干活给我带来的额外奖赏。

我把干活付诸行动之后，我发现周围的一切都变了，同事表扬我勤奋优秀，婆婆说我不跟他们闹别扭了，老公说我真贤惠（我其实就是妥妥的工作狂人），娃娃们说妈妈推荐的绘本真有趣。

干活是个动词，做事也是个动词，看来动词有点神奇，能让我们变得优秀，以后我就把自己活成动词，多干活、少躺平、少摆烂。

我在不停地干活中收获了很多惊喜，比如最近我结识了优秀的闫付庆老师、付海亮老师。昨天我还收到了《德育报》主编刘老师要为我做人物报道的信息，明天我和普老师合作的写作营马上开营。这些都是不停地做事带给我的好运气。

有时我在想，我之前对事情的看法很单一，原因是"懒"病在作怪，病毒信念在侵蚀我。现在做事的想法带动我改变认知，让我对事物的看法更加多元，不再遮蔽。

让我们从做事开始，与好运撞个满怀吧！

你具备"吃苦"的能力吗

父母是 50 后，在他们的年代，经常说"吃得苦中苦，方为人上人"，他们把这种认知模式又复制到 80 后、90 后这两代孩子身上，经常对孩子说，得吃苦才可以有好未来，不吃苦就要一辈子在地里干活，当苦力。

我就是被植入了得吃苦才可以有好未来的认知模式，我遇到的吃苦有很多层次，没有合脚的鞋吃吃苦凑合凑合，没有新衣服吃吃苦凑合凑合穿二破、三破、四破（就是穿别人穿过的旧衣服，有时一件旧衣服，大概有五六个孩子都穿过），没有过多的生活费吃饭，就只吃馒头不吃菜吃吃苦凑合凑合，冬天天冷没有棉袄多穿几层外套吃吃苦凑合凑合，显而易见我说的吃吃苦大多是物质匮乏造成的。这也是 50 后、60 后、70 后、80 后、90 后面对的吃苦。至于 00 后几乎没有遇到过物质匮乏的吃吃"苦"。

00 后生活在物质充裕的时代，这个时候"吃吃苦"父辈几乎没有再对孩子说过，吃吃苦已失去了它的本义，而延伸出了另外一层含义，就是长期聚焦做一件事情，有长期坚持的决心与执行力。

生活在互联网的时代，满天的碎片化信息，注意力总是被信息打扰着裹挟着，心流保持的时间短暂，拥有内啡肽的次数越来越少，可以专注做一件事的人越来越少，大家基本保持做微小短暂的事，事情被拉扯的时间越长，变得越来越没耐心，不具备保持心流的能力，所以生活在这个时代如果不具备长期聚焦做一件事的能力，那么孩子就会慢慢地走向最底层的生活现状。

老祖宗的这句话"吃的苦中苦，方为人上人"，无论放到什么时代，都值得被传承和发扬，因为一个会吃苦、能吃苦的人，他知道想要取得成功要有"持志如心痛"的坚持。没有坚持哪来阵痛的破茧而出，没有坚持哪来成功的捷径。捷径看清是坚持，捷径看清是吃苦，能吃苦可以战胜自己，战胜自己就是成长。

脚下的路就是远方

鲁迅先生说，世界上本没有路，走的人多了就有了路。这些路是靠很多人走出来的，我的路在哪里？与我一样的许多人又在哪里？

没有制定个人成长计划之前，我就像祥林嫂一样抱怨我的路到底在何方，我到底适合哪条路。

2012 年入职，做过三年特岗教师，做过半年刊物编辑，2015 年考到郑州大学实验小学，担过语文备课组长，做过年级长，做过中层干部，做过第二学区语文学科副负责人，支过教，履历可谓"丰富多彩"。但是未来的路，一直不坚定。

我不是一个贪图仕途的人，也不是一个左右逢源的人，我只是一个用"笨力"做事的人。每每深夜我都会叩问自己，我到底要什么。

当我挣扎于当下时，恰逢疫情，疫情这几年，我没有混沌，做了一个正确选择——阅读一本本好书。

有人说，当下焦虑，是因为读书太少。最开始打开我狭小心门的是王晓春老师，王老师的《问题学生个案诊疗》一书铺就了我走向班级管理的专业道路，我从书中提炼了刺激我脑神经翻新的精华。"文学思维、行政思维、科学思维"这三种方式深刻颠覆了之前我对班级管理陈旧的认识。

作为班主任，不要认为爱就是万能药（文学思维），不能站在道德的制高点来驯服孩子，我们更不要用管控来恐吓孩子（行政思维），我们要使用实事求是的态度来对待孩子。读完王晓春老师的书籍，我相继阅读了钟杰老师的所有书籍，于洁老师、郑英老师、吴小霞老师、秦望老师、田冰冰老师、陈宇老师等数十位老师的书，我都翻了个底朝天。

在我的认知地图里面，每读一本书，就为我编织了一个知识锦囊，现在遇到多难的问题我都会从容淡定地应对与处理。

钟杰老师是我一直追随的导师，我加入钟老师的学习组织两年有余，钟老师的课我通通购买，她书中的好方法我都会在班级实践，钟老师是我心目中的偶像、女神。

女神有了，男神我也不缺，秦望老师的8+1工作室为我打开了专业成长的天窗。认识秦老师的过程很曲折，秦老师四处做讲座，是我心目中的大人物，我是小人物，甚至连人物都谈不上，我怎么能靠近他。我读秦老师的书，主动与秦老师产生连接，8+1工作室招募成员我自觉参与，很幸运成为8+1教育叙事项目中的一员，后来秦老师发现我更文多且写的班级管理文章出色，主动发微信让我参与8+1案例分析项目。后来，在案例分析项目组我主动承担了海报制作的工作，每次研修主题我都会提前构思，我在承担中成长，无数次地努力叠加，取得了秦老师的认可与褒奖，2022年11月，我收到了秦老师向我约稿的通知，虽然只有几篇稿子，但是得到大咖的指点才是我想要的。

对于承担的工作有多繁重我不在乎，我在乎的是成长。

成长，先成再长。我认为成就是成事，只要在自己喜欢的领域成事，成长就是顺带的事。

我喜欢的领域，是在书籍与男神、女神的浸泡与熏陶下找到的，这条路，其实摆在我面前有11年，为什么之前没有去找寻这条路。而今，苦苦追寻找到了。

我又是在午夜思考，找到了答案。

之前，下的笨功夫，只是做到了心安理得，这些都是对于家长和学生而言的。我是我自己，我对自己的发展做到心安理得了吗？没有。我对自己的标准不高，对自己的地位模糊。

那几年，我没有让自己成长，没有让自己发展，我是在蹉跎岁月。

而我庆幸的是，我在32岁终于鼓起勇气，甩掉了束缚我专业发展的一切虚"头"，我也不再爱慕虚荣（我以前喜欢当官），而是一心扎进了专业成长之中。

我边研究班级管理，边学习语文教学，做每一件事，都有意识地把管理与教学相统一与融合，给自己节省时间，去阅读更多的书来丰盈我的头脑。

今年暑假，我整理了11年来积累的文字，有200多万字，零零散散，我按照成长阶段进行了打包归类，与出版社签约。

第一本书，我羞于向大咖张口，自认为写得不如人，我就把自己心里想到的，写成了序。

出第二本书时，我就有了与别人谈"资"的理由，所以今年寒假我会写完第二本书，我也会主动邀请我心目中的男神、女神来写序。

当你什么都不是时，不要发牢骚、不要埋怨，是你努力得不够，当你做好当下的每一步时，就会有不期而遇的幸运。比如我现在，一个普通的老师也可以出书。

脚下的路，可能没有一个人走过。只要自己敢于尝试，自己培养自己，我想这条路就是远方。

你没被认可，是不是沟通出了问题

教师是从事教育的专业人士，"专"体现在课堂的传授上，也体现在专业管理上。

无论是当学科教师还是班主任，对于班级管理都要涉猎。科任老师要搞好课堂管理，班主任不仅要守好课堂，更要管理好班级日常。对于管理班级绕不开的是与家长打交道。与家长打交道有很多要避开的关键点。笔者从教 11 年，总结了几个与家长沟通的关键点。

第一、沟通是双向的链接

有沟才有通，沟通如池子里的水，它是流动的，是活水，不是死水。笔者曾遇到一个家长，他的孩子学习极差，特别费心，总是与同学打架，笔者把这些困难一一帮学生"消化"以后，没有把这些事情告知家长。而该学生家长忙于生计，从不管孩子，等期末考试了，孩子考得极差，家长反倒埋怨老师。笔者很是郁闷，做的那么多，家长却不领情。

回溯问题的源头，沟通的起点就没有打通，都是笔者一厢情愿做的事情。如果，有对沟通的基本认知，那么这些误会，会慢慢变成感激的话。

第二、沟通双方是对等的关系

沟通是你与我站在同一高度，就同一个问题发表自己的见解。不是居高临下的行政管理，大声吆喝。

怎样保持沟通？双方得处于同一高度。首先，作为教师，切记拿别人手短，家长给予的一切"物质"都要拒收。其次，与家长保持同一个情绪温度，用平和的心态打开沟通的屏障。最后，沟通的导向是解决问题，不相互指责与埋怨。如果相互不友好，就失去了沟通的价值。作为教师要先觉察自己，不要带有情绪解决问题。先处理情绪再处理事情。

第三、沟通是情绪的流动

每个人的认知模式不同，对事情的看法不一。当双方有不同想法时，这个时候沟通会产生思维碰撞。

笔者最近很郁闷，刚接手新班，遇到了一些烦心事，就主动向同事倾诉，即使同事很忙碌，只是点头回应，但当笔者说完之后，心情就好了一大半。同事回应、认可，让笔者觉得心绪清晰，不堵塞。慢慢地心情平稳，做事也会安定。

心无序，事无序，心有序，事有序，一切皆由心产生。让自己的心静下来，多一些双向沟通，少一些一厢情愿。不居高临下，站在同一高度，与人对话，幸福感油然而生。

走一步，往前看十步，你会很幸运

一个人走着走着她就找到了自己要走的路，一个人想着想着她就退回到来时的路，一个是往前走，一个是往前想，她们商量一下，走之前都想好，就离要走的那条路近了。生活中，我们往往缺乏这种走一步往前看十步的意识。

毛不易有句歌词我听了很受触动："人的一生那么长，谁没有辜负几段时光。"我们辜负的那段时光就是没想好自己要去哪里，怎样去哪里。

我们有时走着走着会问自己，这是我要走的路吗，对自己追问一番，路途中遇到坎坷会自我疗愈，说算了不逼自己了，别和自己过不去。我也经常这样安慰自己，当我听董宇辉说"骏马前面无沟壑，怂人面前都是坑"的时候，我觉知我之前就是个怂人。

发现手头的事不好做，抛出去，不管，做其他的，恰恰我扔掉的是最历练自己的机会，所以我成熟得太晚。

我今年 32 岁，做了 11 年教师，在困难面前变得无坚不摧是从去年开始，经历了人生的重大挫折，随即觉得什么都是浮云，只有健康、拼命成长是我的心法。

从去年开始，我走上了拼命成长的小路，我发现成长的路上并不拥挤，因为可以坚持的人很少。

比赛、投稿、读书、写书、买课、订报、写作，我天天徜徉于此，没有其他心思想别的，每天都在思考怎么写一篇升维的文章，我的新书 10 月份一定要梳理出第一稿给出版社审阅。

每日沉浸于学习，抓住了很多机会，各个学校邀请我做讲座 78 场，为河南省中小学优秀班主任做过 2 场，为河南省小学语文教师做过 2 场，为武汉宁德周边 7 所学校做过 12 场，为安阳、内黄、镇平等县市的学校做过 30 多场。暑假，郑州、荥阳、安徽等地有 7 所学校已邀约我前往做报告。

上周，我刚刚在至善学院全国教育平台讲完第 3 场，刘老师对我表示认可，给我开通了绿色通道，说我努力上进，允许我每月在至善学院做一场全国讲座，这是我之前从不敢想的事。

我每看一本书都会把金句写在小本上，早上背一背，用在讲座与写作中，每做完一场讲座我都会主动问新老师的需求与反馈，就是有了做一步，往前看了十步的意识，我做事的底气越足了，之前是声音有力，现在是心里有力。由外到内的一个蝶变。现在，锤炼出做事的耐心，即使失败了 100 次，我也相信第 101 次就会成功。

顺境多做事，逆境多读书，做事读书都在坚持，所以每天我都会收获惊喜。

我认为的惊喜是拥有锻炼的机会与平台，上周我做了三场线下讲座，两场线上讲座，啃读了一本书，写了 6 篇文章，办了班级日报，参加了两次比赛。任务重，我从未觉得疲惫，因为我被重视、被看见、被认叫，这是人性的渴望。

结合自身的长处，狠狠发力，再拥有走一步看十步的意识，我相信自己这朵尘埃里的小花，也会有遇到阳光雨露的时候。

附录：

我的专业成长之路

怀特海说人的学习分为三个阶段，浪漫期、精确期、综合期，我的专业成长也经历了这三个历程。把教育当作职业，可以称之为教育的浪漫阶段；把教育当作事业，可以称之为教育的精确阶段；把教育当作志业，可以称之为教育的综合阶段。

第一阶段：浪漫期

一、三笔一话＋一才艺

浪漫期的成长阶段，是我学习最放松、最随性的阶段。这个阶段我坚持写粉笔字、钢笔字、毛笔字，练习普通话。另外，我还练习了一项才艺——唱歌。粉笔字坚持了1056天。我第一天开始写的状态，没有笔锋，显得僵硬。1056天的粉笔字画像，有棱有角，运笔流畅，带有自己的气韵灵魂。毛笔字练习的时间都是在每年的寒暑假，利用大块时间来练习。唱歌是我释放坏情绪的一个窗口，遇到烦恼时会高歌一曲，瞬间所有烦恼都抛在了脑后。一话，我是通过参加各种演讲比赛练就的，大大小小的演讲比赛总共有17次。开始比赛基本都是倒数，尽管有时没有获奖，但我觉得，我没有失败，因为得学东西比赢得胜利更重要。

二、学人绝技＋流水账记录

上班头几年，我发现身边有很多同事爱写作，他们的文章可以发表。我就照着同事的文章比着葫芦画瓢，画了很多次才成功，在不断的练习下发现自己的文章也可以发表，逐渐就陷入了痴迷状态。每天晚上的规定动作就是写一篇500字以上的文章，当时发表的文章都是自己对身边事情的一些感性思考，不深入，只是坚持写罢了。很幸运我被聘为范县教研通讯的特约编辑，任务就是审阅老师们的投稿。我把最多的精力依然放到了自己的写作上。说实在的，我写的这些文章有一个共同特点——流水账，刚开始写文章没有任何章法，不懂什么吸引人的标题，也不懂文章要罗列出几个大标题，只知道坚持，也就是这些坚持，这些流水账，是我写作的起点。但其中有很多发表在了《范县教研通讯》《范县日报》上。

第二阶段：精确期

我这个人比较笨，就是靠着一股子勤奋劲儿慢慢突围的。在专业发展的精确期，我给自己制定了很多标准，比如，不再去模仿别人的文章，这个阶段我知道了模仿是最低层次的学习方式，提升自己的学习层次很重要，这个时候认知升维意识就出来了，认知升维呈现以下 10 个方面。

一、研究自己

我知道自己笨，自己是最了解自己的人。我先从了解适合自己的学习方式开始。我是一个喜欢听别人说话、讲故事的人。根据王晓春老师对学习类型的分类，我属于听觉型学习者，所以遇到自己不会的知识我都会主动向身边的同事请教，他们用深入浅出的语言回答，我的思路逐渐清晰起来。其次，我知道自己是听觉类型的学习者，就买了各种学习的 App 会员，听课、听书、听讲座，总之，和听沾上边的我就会主动结合自身来利用。最后，我了解自己的思维方式——线性思维。所以，每看完一本书，我会反复追问自己几个问题，书中的道理还可以用在哪些方面，我会第一时间详细记录可以用到的地方，以便以后直接使用。线性思维的人，不会学习，学习方式是点状的，没有形成自己的知识图谱。我知道自己的这个学习特点，就主动借力脑图、思维导图梳理我接手的每一项工作、每一件事情。

二、研究学生

教师打交道最多的就是学生，教好学生也是教师价值感的最直接体现。怎么评价我们教好了孩子？我想既要了解学生心理特点也要了解学生是如何学习的。了解孩子的心理特点，我通过与学生沟通交流、写学生故事、制作班级心里话信箱，以及阅读心理学书籍等方法，经过理论联系实践慢慢理清了学生的心理特点以及身体发展规律。深度把握学生是如何学习的，这是一个大课题。我觉得首先要解决的是，我们先调查好每个孩子最适合的学习方式，了解孩子的原生家庭，通过早期记忆、心理档案来诊断孩子的学习背景支持。背景支持了解清楚了，再着力激发孩子为孩子营造安全的学习环境。当然这些的前提是教师要备好课，课上下劲，孩子学习才会很轻松。针对孩子的心理特点，我阅读了《儿童心理学》《发展心理学》《解码青春期》《给新教师的一件"新武器"》《正面管教》《教育中的心理学》《儿童行为心理学》《儿童教育心理学》《儿童情绪心理学》。通过阅读书籍，我明白了孩子是如何学习的，知晓了情绪在前，学习在后，也了解了孩子学习知识的思维路线，这样更有助于我备课。

三、研究教材

教材是我们教学的第一手资料，我们要让它为我们所用，树立用教材教而不是教教材的观念。在解读教材遇到阻碍时，我会关注课本的课后习题，明确重难点；而后阅读单元目标，看清楚单元提示当中对本单元的具体要求；随后我会查找课标，在课程标准中查找对应学段的教学实施建议；同时我会用好教学参考书及温儒敏的那本《教学设计与实施建议》，对教材进行深入解析。其次，向身边的集体（我们的备课组）请教，因为我们的教学进度一致，单元重难点大家都比较清楚，这是最直接、最省时的"成长共同体"。每周三教研之前，我会提前梳理自己的困惑向大家请教，通过集体头脑风暴大多数疑难问题都得到了解决。然后，我会向身边的导师求教，求教之前，我会列出问题清单，向导师陈述我的思维障碍点。导师专业的讲解，为我打通了任督二脉。最后，我会向书籍借力，缺啥补啥。大单元教学不懂就购买了《深度学习走向核心素养》这本书；想拥有专家思维，我就读刘徽的《素养导向的整体设计》；教学设计做得不好，我就读《追求理解的教学设计》。通过书籍的滋养，我丰厚了自己的学识。

四、研究课题

自从2012年上班以来，我就热衷于申报课题，是我对课题非常了解吗？不是，因为我知道这是以后走向专业道路的必选项，所以我就开始摸着石头过河。学习申报课题，我是借鉴知网的论文、知乎上的核心期刊、《新手教师如何做科研》这些资料来学习的。开始的时候不知道思考课题的目标与内容是一一对应的，也不知道做课题切口要小，题目要有研究对象、研究方法、研究内容，另外提出问题要恰切，这都是我之后摸索总结出来的。至今我立项成功以及参与的有 15 个课题，我主持的有 10 个课题，市级课题有 5 项。接下来为大家呈现我结项成功的几个课题，我为大家呈现立项的标准。课件图片会为大家一一呈现，我将以其中一个课题为例为大家做解读说明，进而阐释申报课题的所有注意事项。

五、具备成长性思维

2012 年参加工作至今有 11 个年头，这 11 年我几乎没有午休，没有周六周日，时间都用来学习。我知道如果是一般人像我一样努力应该早就成为专家了，没办法，我底子差、基础薄弱，所以每天如蜗牛一般慢慢向前爬，我相信只要足够努力，神明也会庇佑我，我也会遇到自己的庆典。我对学生对自己具备包容心理，包容自己进步慢，包容自己的失败。我大致计算过这些年我参加的公开亮相的比赛大大小小有 47 次，失败的二十几次，成功的也有二十几次。就像人生一样喜忧参半，而我会把失败的事情进行积极的归因，我也会把每次比赛失败的原因公开曝光，拥有不怕丢人的思想。我向来认为丢脸应趁早，年轻时丢人可以被原谅，年龄大了成为老教师了再丢人，可能真的就丢人了。

六、超强的执行力

我知道想都是问题，做才有答案。每当我手里有几件大事的时候，我会在心里简单排序，会很快处理掉，不拖延。拒绝平庸，我具备疯狂的执行力。我给自己规定，每天坚持写文章，我担心自己无法坚持下去，我会自行寻找推动力，我的推动力是教育行走、8+1 案例研修项目组、何蕊校级名班主任工作室这三个学习共同体。教育行走这个群体聚集了数百名每天坚持日更的小伙伴，在这里我们彼此推动、主动学习、主动输出。这是一个具备活力的成长共同体。作为班主任工作室的主持人，我会暗示自己，凡事担当，做好带头，伙伴们才愿意和我在一起，就是这些推动力 + 超强行动力，我完成了接近 200 万字的教育随笔。

七、拥有自己的自媒体

现在是自媒体时代，我们每个人的第一个自媒体就是你的微信朋友圈，朋友圈也是你的人际圈，定期清理那些可有可无的朋友，让自己的人际关系变成绿色。为什么要经营自己的朋友圈呢，原因有以下几点：

1. 微信朋友圈发布的一切动态，表明你生活、工作的状态，你消极别人可能就避开你，谁愿意和一个天天拥有负能量的人在一起呢！

2.你的微信朋友圈是你自我效能感提升的一个平台，有的老师发了朋友圈，急切查看谁给我点赞了，谁给我留言了。点赞留言的这些老师，就是你的人际圈。我们平时工作忙，没有足够的时间去聊天，可以借助平台加深彼此的了解。

3.你的微信朋友圈是你身份的代言，让你的代言人，干净整洁起来，它干净整洁，代表着你的眼界与格局。

如何经营自己的微信朋友圈呢，我是这样做的。

我的微信朋友圈几乎呈现我忙碌的日常，我都是有意识地去记录每天的点点滴滴，把自己看到的、听到的、体验到的，和盘亮相在我的圈子里。当然我发圈的文案很简单、真诚，就像我的人一样，接地气。其次，我会有意识激活我身边的人。老师首先是老师，任务不是只教孩子知识，最重要的任务是唤醒学生热爱学习、热爱生活。作为一个拥有远大梦想的老师，要具备影响力，影响学生、影响家长、影响家人、影响同事。影响力如何来，就是自己虔诚的工作态度，树立这样一个观点，你改变，世界才改变，别总想着改变别人，有一句话是这样说的："改变别人是战场，改变自己是成长。"

微信朋友圈是最起码的宣传自己的方式，2016年我建立了班级微信公众号，2020年停更转战到美篇和简书，目前在美篇与简书上的文章有420多篇。每一篇小文都是我的人生成长轨迹。

八、自费参加高端的学习平台

我是一个很简朴的人，从我的穿衣打扮都可以看出来，每年用来买衣服的钱寥寥无几，但每年用在买书买课自费参加一些学习组织的费用大概有2万元左右。为什么我会这样做呢？因为我看到了一个真相，做工作的最终目的就是让自己的职业升值以及让自己变得无法替代。樊登不是说，君子求诸己，小人求诸人吗？没有真实的世界，只有认知的世界，这个认知的源头是自己本身，自己看到了职位增值的办法，就会从内在滋养自己，才可以让自己变得贵起来。如果用在穿衣打扮上的时间过多，不是不好，也不是不对，而是侧重这些，等我们年纪大了，身边人会觉得你不值钱。书籍可以让我们看到更广阔的世界，书籍是我们增值的一块重要垫脚石，这块垫脚石经年以后会让你站在巨人的肩膀上看世界，你站高了就看得远了。你高了就会觉得身边人就小了。

这里我给大家介绍了 33 本书，每本书为我带来了怎样的滋养，我一一道来。（课件呈现）我还加入了很多学习平台，为大家推荐几个于我而言非常实用的平台——樊登读书 App，我在这里听书听了三年，听了 200 多本书。樊登里面还有非凡精读馆、李蕾阅读，都可以下载，现在是知识付费的时代，每年都要花大几百买会员，为自己提升要舍得。还有咨询师之家这个平台是可以听很多心理学的课程，就是课程有点贵。班主任成长方面，橘林教育平台，是我首先为大家推荐的，这个平台专门为一线班主任搭建，主讲老师是全国优秀教师钟杰，钟老师讲解的内容可以解决一线教师的很多痛点。李迪老师微信公众号以及视频号，也是很好的班主任学习平台，李老师爱研究《道德经》，她写的文章对我们管理班级、与家长沟通交流有很大的作用。每年的河南教师成长书院、河南班主任成长学院都很值得报名参加，线下报名接近 4000 元。我每年都自费报名参与，收获很大，这里讲课的老师都是全国最顶尖的专语文学科大咖，谷里书院、干国祥老师教材解读、朱煜讲课都可以关注学习。汉源平台，我在里面买了很多课，没事就听就研究。还有很多，不再一一列举，只要能为自己所用的就是最好的。

九、身边的老师，远方的导师，心中的偶像

开始教学的时候，在村子里面，没有拜师的意识，来到郑大实小，也不知道什么原因我没有获得一次做徒弟和师傅的机会。既然学校没有给予机会，我就自己创造机会，张恩霞老师是我来到实小第一次讲课时主动寻找的师傅，张老师耐心地给我指导，虽然没有正式的拜师仪式，但我早就把她当成身边的榜样了，上课只要有不懂的地方我就赶紧去请教她。王欣老师是我来到实小以后很佩服的同事和挚友，2019 年我上全国研究课时她全程陪伴，为我考虑每一个细节。说实话，王老师语文素养非常高，是我望尘莫及的，每每遇到解读教材的阻碍时我都会向她求救，我们在一起设计过很多单元整合教案。我对待科研的严谨态度就是从王老师身上学到的。目前我给自己定位专业＋班主任管理一起着力，虽然累，但坚持着，这两个我也各有侧重，遵从内心，班主任管理排第一。

2020 年起，我给自己制定的目标，是要加入秦望老师的班主任研修团队，用了很多"心机"我终于如愿以偿地加入了那个大家庭。为什么说心机呢？那是因为这个追赶大师的路子曲折漫长，要从 2019 年我自费参加全国名班主任论坛说起。那时自己鼓起了勇气，第一个冲上舞台要了秦老师的微信号，后来发现秦老师不发朋友圈，学不到东西。我就买了秦老师的书来阅读写感想，后来我把写的读书感想发给了秦老师，也没有得到回应。在我要放弃的时候，我又一次鼓起勇气写了申请，加入了 8+1 案例叙事小组，每天坚持输出，秦老师看到了我，对我有模糊的印象，后续我主动问秦老师问题，经由主动问、主动学，秦老师邀请我参加 8+1 案例叙事小组。我知道承担即成长，在这里我主动承担任务，目前成了 8+1 案例研修项目的骨干成员。加入这个组织，我很感慨，走了很远的路，遇到一群志同道合的人，一切都刚刚好。秦老师就是我远方的导师，心中的偶像。一个人要走得更远，身边的榜样是离我们最近的支持力；远方的导师，心中的偶像，是我们专业成长的助推器。

十、削减功利心，自我疯狂成长

刚步入工作岗位的前三年我从来都不在乎得什么荣誉，我知道与当时的教育觉知有关，开始的想法很纯粹，我只要教好我的课，赢得学生爱戴就可以。就是这种纯粹的想法，促使着我只管努力，一切都交给运气，获得了一些荣誉。再后来来到实小学校，老师人数多，荣誉这种事是很敏感的话题。从 2015 年一直到 2019 年，四年的时间我获得了学校给的第一个区级优秀教师。（我说的这个荣誉是学校根据考核直接给的，不包括自己通过无数次比赛得来的奖）说实话前 4 年，我工作上十分用功，中午没有睡过午觉，一些个人事迹上了《中国教师报》，被很多媒体报道，跟我关系好的老师都知道我这么努力，4 年才有一个用来评职称的荣誉，真是不公平啊！我身边的人都这样说，而我没有被同化，这个东西于我而言，没有那么重要，我把个人成长放在了第一位，只要有利于我成长的我就参加，也不会向领导要什么荣誉，我是怎样做的呢。

1. 凡是学校公开课，我都第一个报名参加。当时怀孕 9 个月，我还主动承担了年级公开课展示。每年只要和语文优质课挂钩的我都参与，因为这是我可以掌控的事，经过无数次努力，我获得了三个优质课奖，评职称的优质课我有了，谁也不用求了。

2. 我还可以掌控的就是申报课题，上面给大家讲述了我申报课题的历程，获得了几个市级课题，这下评职称用的课题也有啦。

3.我热爱参加比赛，区里只要有演讲比赛我就参加。2018年我刚生了一胎，孩子刚刚7个月时，我参加了学校选拔的高新区最美教师比赛，我在学校报名的几个老师中脱颖而出，代表学校参加区级比赛，获得第一名，又随即参加市级演讲比赛，又获得了好成绩，最后通过市级各种去电视台培训、试镜，我获得了郑州最美教师称号，我就凭着这个表彰评职称的。既然学校有学校的考虑和难处，我们就换一种思维方式，在自己可以控制的范围发力，把耗费脑力猜测领导为啥不给我荣誉换成我持续努力精进，总有一天我会拥有一切，怀才如怀孕，总有一天会被别人发现。

现在我是中一职称，有老师会问何老师你评高级职称，荣誉怎么搞？

我有办法啊，还是自己靠自己，自己培养自己，坚持写作那么多年，2023年我会出版自己的第一本书，有自己的处女作了，还怕什么。个人成长是最重要的优势权杖。这些都要利用起来，让自己专业成长的精确期越来越明朗。

第三阶段：综合期

我目前没有达到这个阶段，没有发言权，我这里借助自己认识的一位老师给大家谈起，他叫普利辉，是一名山区教师，普老师在他的职位综合期是如何做的呢。

一、扩大自己的影响力，他建立了普利辉名师工作室，一位农村高级教师一直在点燃自己，普老师整日浸泡在工作室的各种读书安排中。

二、自费参加很多学习组织，我就是在学习班认识的普老师，他不但参与还会主动承担最累最忙的活。

三、出书，普老师写的《一线教师如何快速成长》，这本书凝结了他接近30年的教学经验，值得一线教师阅读。这本书只是普老师出书的一个引子，后续还会有很多书出版。

附：

普老师书籍的精华（用了两天时间看完了此书，看这本书时我进行了勾画与分类，包括普老师经常用或引用的金句），我进行了梳理。17个金句是这本书里所有金句的一个缩影，不再列举，大家买来读读就会看到一簇簇闪亮的智慧。

看了这本书我对普老师有了一个全面的了解。

深度学习。我们知道大脑这个思考的发动机最喜欢浅学习，这样大脑不累，我们也不累，但是不能学更多的东西。教师成长的综合期，要具备深度学习的能力，要把平时学习的一个一个点给它串联起来，放到大脑的某个角落，用的时候方便一条线地取出来，而不是一个点一个点地在那东拼西凑，凑出来的东西是没有深度的。深度学习，是我缺乏的，这种思维是我于今年12月份慢慢接触到的。12月份我被秦望老师邀请做参与他新书籍的优秀作者，承担了几份稿子的书写工作，开始写的时候我用的惯性思维，没有阅读任何书籍，自己想到哪写到哪，在后来团队的几次磨稿中，我发现赵老师、娜娜、斯老师、齐老师等伙伴，写稿的功底深厚，形式和创意可以很好地结合，他们在讲述自己的思路时，我发现我现在缺乏系统性思维和发散思维，这两个思维如何获得，我觉得在平时的写稿中制定部门方案时就可以拿来练习，当然最重要的是读根基类文章，读是输入，写和交流是输出，后续我会积极向这些优秀的伙伴取经，厚积薄发。

胸中有丘壑，眼里有山河，先调整自己，再影响别人。整个世界作为一个巨大的文本，在慢慢地展开，广搭自己的小舞台，广交高人，扎根在现场，多对自己进行微雕，找到自我成长的热源，重建自我，实现破圈成长。

希望大家从我的个人成长历程中能找到自己成长的路径。

为班主任沙龙解答一些问题

问题一：家长说孩子眼睛看不清，希望孩子一直能坐在前面，要求特殊照顾，态度十分强硬，该如何回复？

从这个问题的描述当中，我们可以看出来，这个表象问题就是一个显性的问题，这个显性的问题存在，第一个是孩子的眼睛看不清，班主任是否在班里向孩子求证过，查验孩子的眼睛？如果孩子的眼睛能看清，而只是家长的一面之词，那么我们可以在给家长的回复里说，我在班级里，问孩子了，经过调查，孩子的眼睛是可以看清的。

第二，家长希望孩子一直能坐在前面，并且要求特殊照顾，我们从这个问题是否能看出来这个家长特别渴望老师对他的孩子有更多的关心爱护！那么是否我们的班主任在平时与孩子的交流与关爱，没有反馈到家长那里，家长没有感受到老师对他的孩子的关心、照顾和关爱？所以他会有这样的一个诉求。

另外，你看家长的态度十分强硬，这个时候班主任是否应该反思，他态度强硬，是不是我们班主任在平时与家长的沟通当中存在着沟通不畅，就是我们班主任做了很多工作，是不是没有把你做的这些工作反馈给家长，所以造成了这样的沟通阻碍，让家长产生了一些误会。我觉得我们班主任可以把你对这个孩子的关心照顾传达给家长。我们可以形成文字，可以给他打电话，给他反馈自己在生活学习的方方面面都对他的孩子特别关心和关照，只不过我这个老师不善于言辞。

第三，针对班级座位，其实家长没有直接说：必须要排座位，要排在第一排，这只是一个隐性诉求，只是想着老师对他的孩子有更多的关心和关照。那么我们在给家长回复的时候，可以分为这四步，哪四步？

第一表达歉意，如果你在班级里与孩子进行核实，他的眼睛看不清了。那这个时候你得跟家长说，哎呀，谁谁爸爸，谁谁妈妈，我教孩子那么长时间了，你看孩子他的眼睛看不太清楚，他也没有跟我说，我也没有过多地去问孩子，这是我做得很欠佳的地方，很抱歉，给你造成了这样的一个困扰。

第二你要表示真诚的感谢。这个感谢就是，谁谁爸爸，谁谁妈妈，非常感谢您，给我反馈了孩子这个信息，让我在以后的工作当中，对咱的孩子要有更多的关心和照顾。另外，也提醒我在工作当中，多询问孩子、多与孩子沟通交流，消除这个沟通的障碍。

第三，要陈述事实，你要陈述家长回复的的哪些是家长的曲解，比如说孩子的眼睛看不清，如果是正确的，那你就要回复给家长：我经过调查，孩子眼睛的确看不清，如果咱的孩子真的要求坐在教室前面，这个于我班主任而言，我应该是对每个孩子一视同仁。比如说我们排座位，一周一轮换，我们怎么轮换，对每个孩子都是公平的。你跟他解释清楚，那这样的话，这就是我们陈述事实，家长就不会那么强硬了。这个解决办法就是刚才我跟你说的两点，他要是真的非要强制排座位不可，可以，我们就按照这一周一轮换，然后这个座位制度每周都轮换，都这样来坐，座位如何轮换都跟家长说清楚，然后跟全班同学也说清楚，还要在班级群让所有家长知晓座位是如何排的。

那么我们再回到这个问题背后，反思这个问题，作为班主任，我们是专业人员，因为班主任首先是老师，那么遇到这个问题你要反思，家长有这样的诉求，首先我们整个班主任工作做得还不到位，还没有深入人心，我们以后再怎么去做。在对孩子对家长做的每一件小事儿，我们都要反馈给家长，给家长一个很直接的折射就是，我们的班主任不仅仅为我的孩子好，还为我们家长着想，为我排忧解难，他以后就不会给你找事儿了，他就是即便再给你找事儿，他也不会用这种很强硬的态度为难你。

回信息模板：

分四步，1. 表达歉意。2. 真诚感谢。3. 陈述事实。4. 解决办法。

问题二：一个小孩总是遇到事情就打架，每次都认为是别人的错，这样的孩子该如何教育？

首先我认为这个孩子不知道排解坏情绪的方法，班主任要教孩子排解坏情绪的方法，我是这样做的，可以借鉴。第一告诉孩子我们每个人心中都住着一个小怪兽，当这个小怪兽快出来的时候就是我们的坏情绪要来了，我们怎么控制不让他出来捣乱，破坏我们的形象，我们可以找一个安静的角落做深呼吸，让自己慢慢平静下来。第二，告诉孩子你可以跟老师说，我的小怪兽快出来了，让孩子在教室外走廊里走一圈，让他的坏情绪平复下来再回到教室。第三，也可以让他把坏情绪向好朋友或者老师倾诉。

其次，告诉孩子处理问题有很多方式，比如可以和平解决，可以双方坐下来交谈解决问题，也可以寻求老师的帮助。

第三，班主任可以借助班会教育给娃们讲解一些换位思考的事情，这些事情最好是班主任观察到的班级的真人真事。让这个娃学习。

第四，取得家长的协同，告诉家长娃对待问题的方式单一，老师已告诉孩子解决问题的方法不只有打架一种，还希望家长在教育孩子打架这个问题上与我们观念保持一致，告诉孩子解决问题有很多方法。

问题三：班上有值日班长，每周的打扫任务落实到每个人，但是班级卫生还是需要老师监督，如果想要提高学生的自觉保持卫生的意识该采用什么措施？

第一，班主任有没有制定卫生干净的标准。比如，桌子怎么摆，桌子摆放得在某一条线上，地面干净，没有纸片。劳动工具如何摆放，这些细节标准，班主任要通过班会课给孩子们做示范讲解。

第二，标准有了接下来就是分配任务，问题中班主任说已分工，我指的是每个小组的每个人干什么都给他细化。比如第二组，张三，摆桌子，桌子标准是要横看是一条线（结合第一条标准来说）；李四，要把门窗、玻璃擦干净（门窗、玻璃干净的标准也要说清）。每个孩子具体干啥说清楚。这个就是细活给娃说清楚。

第三，标准有了，分工有了，第三步培养值日班长，教给值日班长按照标准检查每个小组成员是否达标，不达标让小组成员返工。

第四，最重要的是班主任对班干部的培养，班干部如何培养，要有激励机制，把班级的值日班长利用延时召集起来，给他们培训，培训也要有方法。

1.讲清楚他们的具体职责（也就是他们要怎样陪着小组成员干活，怎么带领小组干活，按照标准领着本组成员干活）。

2.表扬他们优秀、有责任，所以才选他们担任值日班长。

3.当周值日好的班长可以获得一些奖励（比如班主任可以私下送一个小礼物，或者给他发一封表扬信，然后在全班面前表扬他）。

总之，这是一个细活，每一环都不能少。遇到障碍我们就要思考是哪一个环节少了铺垫或者过渡，让孩子不知所措，让我们焦头烂额。

问题四：老师在讲课时，下面的学生没有生机，做小练习时对于练习上的等级没有动力，同时上课也没有激情，有什么解决措施？

根据问题描述我把这个问题进行了两类情况的分解。

1.老师讲课个别学生没有活力，做练习没有动力。

2.老师讲课有不少学生没有活力，做练习也没有动力。（老师的描述有点模糊，我根据文字理解了这两种情况，以后描述的时候可以更精确一些。）

如果是第一种情况，是个别学生上课没活力，老师要找学生谈话，先找本人谈话，问问孩子是不是害怕老师，或者学不会，或者家里出了什么事。进而与家长交流孩子在家的表现，如果不是孩子遇到了麻烦，纯属孩子学习基础差，老师要想办法让孩子跟上这门学科。如果这些原因都不是，老师要反思自己的备课是否充分，反思自己的课堂是否有趣，无趣的课堂孩子是不会喜欢的。老师还要反思自己平时是否与学生的关系亲近，小学生向师性很强，亲其师才会信其道，老师要想办法让学生喜欢你，最直接的办法是让自己的课堂有趣一些，紧凑一些，针对学生做练习没动力情况。

如果是第二种情况，上课时大多数学生没有活力，这个时候老师要反思自己的课堂，要在备课上下功夫，小孩子都喜欢紧凑、有趣、参与感强的课堂，这三点缺一不可，老师做到了孩子就会喜欢你，因为参与感强能让孩子觉得有成就感和价值感。对于学生做练习没动力这件事，老师可以给学生设置 20 分钟或者 10 分钟做题挑战，小孩都喜欢挑战，时间到就停，看谁做得又对又快，做得好的表扬，时间设限挑战也只是众多面上的一种方法，要从根上解决问题，还需要老师给学生筛选题，不要太难，适合学生的最近发展区，让他们跳一跳能摘到桃子即可。

问题五：如何调动家长的积极性，能更好地配合工作？

一、把家长当成自己人

1. 给家长多报喜少报忧

家长也很忙，他们不仅要管孩子，还要上班，现代社会生活压力大，老师自己在学校能解决的就解决，不给家长添堵，人都是将心比心的，但是得记住，你为他的孩子解决的麻烦或者难题你要传达给家长，目的是我理解你的辛苦，你理解我的不易，沟通是双向的，班主任为孩子做的事家长一定会记得，并会觉得这个班主任可以放心。

2. 多表扬孩子

家长最在意的是什么，当然是他的孩子了，班主任要每天都能发现班级做好事的娃，用简单几句话在群里表扬一下孩子，这个表扬的背后是在表扬他家长，学生家长看到了心里会美滋滋的，因为他的孩子被班主任看到了。

3. 用共同的话语体系与家长对话

无论是打电话、面谈还是文字沟通，都要学会用咱家娃谁谁最近表现不错或者咱家娃最近状态不好等，用"咱的娃"与家长拉进关系，他会觉得老师想我之所想，忧我之所忧。这也是建立同理心的第一步。有了同理心，家长会觉得老师是自己人，会跟老师说真话、实话。

二、多与家长沟通

沟通沟通，只有沟才可以通，什么是沟，沟就是彼此交流的次数增多，经过日积月累由平地变成了深沟，有雨水来时彼此的沟可以包容很多水，交汇在一起，沟通得越深，汇集的水越多。

怎样沟通呢，有以下几点：

1.利用公共机会狠狠地表扬做得好的家长。一个班级找到一两个灵魂家长，发现他们做的好事，就当着他孩子的面夸他，在家长会上夸他，夸他的目的是让他带动全班家长的气氛，让这些灵魂家长做你的"大喇叭"，他们会替你说话。这也叫抓关键少数，这也符合二八法则，不是所有的人都活跃，抓几个活跃的，让他们成为榜样带动其他家长。

2.从表扬个体到表扬人人。别说家长了，我们自己也喜欢得到领导、同事的表扬，更何况家长他是你的合伙人，他更希望得到你的表扬。班主任要学会造势，但凡发现做好事了，不管事大小，往死里表扬他，他会把表扬转化为为班级做事的动力，至少你有难题时，他愿意帮忙，目的就达到了。

3.建立梳理学生问题的意识。家长很在意孩子的进步，这个进步如何获取，只有从班主任口中得知他们才会最信服，因为班主任是班级的大管家，能看到孩子方方面面的表现。所以班主任要花心思梳理班级里孩子的变化，这个梳理可以是一周一梳理或者一月一梳理，记住梳理完要让所有家长看到，看到的目的是让他们看到你很用心，班主任用心，他们才放心，班主任想他们之所想急他们之所急，他们也会想你所想急你所急的。